Seja Feliz
Diga não à Depressão

Solicite nosso catálogo completo, com mais de 350 títulos, onde você encontra as melhores opções do bom livro espírita: literatura infantojuvenil, contos, obras biográficas e de autoajuda, mensagens espirituais, romances, estudos doutrinários, obras básicas de Allan Kardec, e mais os esclarecedores cursos e estudos para aplicação no centro espírita – iniciação, mediunidade, reuniões mediúnicas, oratória, desobsessão, fluidos e passes.

E caso não encontre os nossos livros na livraria de sua preferência, solicite o endereço de nosso distribuidor mais próximo de você.

Edição e distribuição

EDITORA EME
Caixa Postal 1820 – CEP 13360-000 – Capivari-SP
Telefones: (19) 3491-7000 | 3491-5449
Vivo (19) 9 9983-2575 ✆ | Claro (19) 9 9317-2800
vendas@editoraeme.com.br – www.editoraeme.com.br

Elaine Aldrovandi

Seja Feliz
Diga não à Depressão

Capivari-SP
– 2019 –

© 2013 Elaine Aldrovandi

Os direitos autorais desta obra foram cedidos pela autora para a Editora EME, o que propicia a venda dos livros com preços mais acessíveis e a manutenção de campanhas com preços especiais a Clubes do Livro de todo o Brasil.

A Editora EME mantém o Centro Espírita "Mensagem de Esperança" e patrocina, junto com outras empresas, instituições de atendimento social de Capivari-SP.

11ª reimpressão – abril/2019 – de 21.001 a 22.000 exemplares

CAPA | Rafael Suzuki Gatti
DIAGRAMAÇÃO | Rafael Suzuki Gatti
REVISÃO | Francisco Cajazeiras
Valci Silva

Ficha catalográfica

Aldrovandi, Elaine, 1966
 Seja feliz – diga não à depressão / Elaine Aldrovandi – 11ª reimp. abr. 2019 – Capivari, SP : Editora EME.
 160 p.

 1ª edição – mai. 2004
 ISBN 978-85-7353-301-9

 1. Espiritismo. 2. Estudo sobre depressão.
 3. Autoajuda e tensão emocional. I. TÍTULO
CDD 133.9

Sumário

Esclarecimentos 9

Capítulo 1
Depressão: a doença do século? 13

Capítulo 2
Você, a pessoa mais importante do mundo! 17

Capítulo 3
Quando a tristeza vira doença? 23

Capítulo 4
Fatores clínicos e genéticos causadores
da depressão 31
    4.1 – Disfunções cerebrais e alterações na
          produção e liberação dos mensageiros
          químicos do cérebro. 31

4.2 – Medicamentos e drogas que podem causar depressão: 34
4.3 – Doenças agudas que podem ter sintomas de depressão (assim denominadas porque são potencialmente autolimitadas)....................35
4.4 – Doenças crônicas associadas à depressão (as que são potencialmente incuráveis ou de evolução arrastada)............................36
4.5 – Distúrbios hormonais: adolescência, menopausa e outros..37

Capítulo 5
O perfil psicológico do depressivo 41
   5.1 – Noções elementares de psicologia..............41
   5.2 – A imaturidade psicológica...........................52
   5.3 – O sentimento de perda 57
   5.4 – A mágoa e o ressentimento.........................65
- O que é a mágoa e o ressentimento?.....................65
- Para que serve a raiva?..65
- Quais as consequências da raiva para o nosso corpo?..67
- Como lidar com a raiva de modo saudável? 68
- Como aprender a perdoar?....................................72
   5.5 – O sentimento de culpa.................................73
   5.6 – O medo e a sensação de impotência...........81
   5.7 – Os "reféns da vida"......................................87
   5.8 – A ansiedade fora de controle.......................95

Capítulo 06
Influências espirituais como causa de depressão .101
  6.1 - Os espíritos influem sobre nós? 104
  6.2 - Uma perturbação espiritual pode
     causar depressão? 109
  6.3 - O suicídio acaba com o sofrimento ....
     do depressivo? 116
  • Reencarnação: verdade ou mito? 116
  • Renascendo depressivo 124

Capítulo 7
Consequências da depressão sobre a saúde 131

Capítulo 8
Depressão tem cura? 137

Capítulo 9
É possível ser feliz mesmo sofrendo? 143
  9.1 - O sofrimento através dos tempos 144
  9.2 - Causas atuais das aflições 148
  9.3 - Causas anteriores das aflições 150
  9.4 - Reflexões sobre o sofrimento 153

Capítulo 10
Mensagem de esperança 155

Esclarecimentos

HÁ ALGUNS ANOS, quando fiz, pela primeira vez, uma palestra sobre depressão, não imaginava que o assunto pudesse atrair tanto interesse.

Os convites para se falar do assunto foram ficando tão frequentes que resolvi escrever um livro sobre esse complexo tema, por demais interessante.

Falar sobre depressão não é falar de uma doença qualquer, mas sim, falar das dores da alma humana.

Ao ler esse livro você fatalmente fará uma viagem para dentro de si mesmo e começará a ver a vida com outros olhos, porque compreenderá onde estão as raízes do seu sofrimento.

Sem dúvida, não tenho a pretensão de esgotar todo o assunto. Não estou escrevendo essa obra endereçada aos meus colegas de profissão ou a outros especialistas nesse tema, mas escrevo para você que se sente infeliz e que deseja vencer a depressão ou ajudar alguém que você ama a sair do "fundo do poço".

Esse livro reúne uma série de palestras que já proferi nos últimos dez anos, não somente sobre depressão, mas também sobre ansiedade, raiva, medo, culpa, autopiedade, obsessão, a dor da perda de um ente querido etc.

Os direitos autorais de todas as obras que escrevo são doados a alguma instituição que se dedica ao trabalho de diminuir o sofrimento humano.

A venda deste livro será destinada à Associação de Pacientes Egressos de Hospitais Psiquiátricos de Tupã, cuja finalidade é assistir os pacientes dependentes de álcool e drogas, que deixam os hospitais psiquiátricos de nossa cidade e não têm para onde ir, recaindo no vício. Essa casa presta assistência também a pacientes sem residência fixa ou sem família, seja portador de doença mental, dependência de álcool e drogas, ou não.

Os pacientes acolhidos recebem orientação espírita-cristã e participam de grupos de apoio sobre álcool e drogas. Posteriormente são engajados em algum trabalho que possa reintegrá-los à sociedade, melhorar sua autoestima e evitar que reincidam no vício.

Talvez você encontre conceitos com os quais não concorde. Deixe-os de lado e siga em frente. Muito do que está escrito nesse livro resulta da experiência pessoal de quem já enfrentou o mesmo problema que você enfrenta. Alguns dos conceitos médicos e psicológicos que são aqui descritos são aceitos universalmente, mas há também o meu modo pessoal de ver as coisas. Tudo o que escrevi é o que realmente penso, no momento em que escrevo. Reservo-me o direito de tentar semear ideias novas para alguém que procura respostas, que se sente infeliz e que deseja encontrar novos caminhos. Quando escrevo, sei que meus pensamentos não mais me pertencem e me sujeito a enfrentar as críticas contundentes dos opositores das minhas ideias. Sem dúvida isso é um grande desafio, mas desafio maior é conseguir motivar alguém cuja vida está sem rumo.

Se alguma coisa do que escrevi neste livro servir para enxugar uma só lágrima, provocar um só sorriso que seja, ou indicar uma saída para alguém que esteja sofrendo, valeu a pena ter dedicado tanto tempo a esse trabalho, pois o motivo de escrever este livro é, principalmente, consolar os que sofrem.

Esclareço que não sou psicóloga ou psiquiatra, mas atendo pessoas em meu consultório como médica homeopata. Tenho percebido que aumentou muito o número de pessoas depressivas. A imensa maioria ignora o fato de que a depressão é uma doença. Os depressivos chegam derrotados, pois são tratados por familiares e amigos como se fossem indivíduos preguiçosos, ingratos, sem fé. Alguns pensam estar assim porque estão sendo perseguidos por forças espirituais inferiores, contra as quais nada podem fazer.

Por essas pessoas aceito o desafio de escrever sobre um tema tão importante e delicado. Espero que consiga atingir o objetivo a que me proponho: clamar a todos que sua maior missão na Terra é ser feliz e criar oportunidades para que outros também sejam.

Seja feliz,
diga não à depressão

Capítulo 1

Depressão: a doença do século?

DESDE DE TEMPOS imemoriais, a depressão faz parte das doenças que percorrem os caminhos da humanidade. Porém, nos últimos tempos, a impressão que se tem é que essa doença se tornou epidemia, de proporções mundiais.

A Organização Mundial de Saúde adverte que, em 2020, a depressão provavelmente será a segunda maior causa de doença no mundo.

As estatísticas mundiais apontam para uma incidência em torno de 15 a 25% da população. Desse modo, nada mais moderno e útil do que conhecer a depressão, esse grande mal que acinzenta a vida de milhões de pessoas – como você, seu familiar, ou amigo querido.

É interessante entender que depressão não é preguiça, nem falta de coragem; não é frescura ou simples falta de fé. A medicina terrena já comprovou que depressão é doença, enquanto a medicina espiritual assegura que é uma doença psicofísica, cujos alicerces são espirituais.

No decorrer destas páginas veremos que a depressão é uma doença multifatorial, cujo tratamento exige, do doente e de seus familiares, muito esforço e perseverança para percorrer os longos caminhos até a cura. É preciso realizar uma viagem dentro de si mesmo para renovar conteúdos mentais inadequados: *libertar-se de complexos de culpa, mágoas e ressentimentos; melhorar a autoestima e deixar de se sentir refém da própria vida.* À medida que se aprende a olhar a vida com olhos diferentes, liberta-se definitivamente do problema, alcançando, desse modo, toda a felicidade que se pode obter nesse mundo.

Neste livro, abordarei o problema do ponto de vista médico, psicológico e ***espírita***.

Os capítulos estão apresentados de forma didática e simples, para que estejam ao alcance do entendimento de todos.

Inicialmente serão avaliadas as causas orgânicas que predispõem ao aparecimento da doença. É importante conhecê-las, pois algumas delas são removíveis, outras, não. Posteriormente, serão abordadas as causas psicológicas – as grandes vilãs da depressão. Elas impedem a cura total, caso não sejam modificadas.

Procurei incluir um capítulo fazendo uma análise do ponto de vista espiritual, embora saiba que esse capítulo será alvo de muito preconceito por parte dos indivíduos que não creem na existência da alma ou dos espíritos. Acontece, porém, que em muitas igrejas o doente recebe praticamente uma intimação para abandonar o tratamento médico e psicológico a que vem se submetendo, pois trata-se a depressão como uma doença espiritual capaz de ser curada somente através da fé, o que é um grande erro, como veremos.

Neste livro também analisamos as possíveis consequências da depressão não tratada de forma adequada e indicamos os prováveis caminhos para a cura.

Incluí um capítulo sobre o modo como devemos encarar a dor, de forma a transformar o *sofrimento* em *luta e desafio*, cuja finalidade é promover o amadurecimento espiritual e intelectual em nós.

Com um pouco de conhecimento, temperado com amor e sabedoria, aprenderemos a aproveitar cada momento como lição de vida. Entenderemos que as mudanças que nos levarão à felicidade devem ocorrer dentro de nós, e não fora, no mundo que nos cerca. Compreenderemos que vivemos sob padrões mentais aprendidos na infância, responsáveis por nossa maneira de pensar, sentir e agir. Acontece que esses padrões foram assimilados por nós pelo que vimos e ouvimos de nossos pais, professores, líderes religiosos e amigos. Eles nos transmitiram suas crenças, algumas inadequadas, outras não. Por isso precisamos refletir e julgar se devemos continuar vendo a vida pelos olhos deles, ou se há outros caminhos que nos levem à verdade, lembrando que cada um entende a vida como pode e dá aos outros somente aquilo que tem para dar.

Deixando para trás as coisas tristes e ruins, agradecendo-as pelas lições que trouxeram, dizendo-lhes, simplesmente, adeus, estaremos abertos a novas experiências, portadoras de felicidade.

Viajemos em direção às causas da depressão com a mente aberta, sem ideias preconcebidas. Com certeza, as respostas de que você precisa estarão em algumas destas páginas. Com certeza!

Capítulo 2

Você, a pessoa mais importante do mundo!

A LUTA PELA sobrevivência está transformando o homem num ser solitário, inseguro e indiferente. Há desagregação da vida em comunidade, disseminação da desconfiança, estímulo à competitividade destrutiva e aumento da insegurança.

Hoje, a maior parte das pessoas vive correndo atrás de prazer, luxo, poder e posição social. Essa "correria" atrás de bens transitórios, "que os ladrões roubam e que as traças corroem", faz com que nossa sociedade viva em constante estado de preocupação. Cresce a angústia e a felicidade parece impossível. Por causa dessa "correria", os valores espirituais permanecem adormecidos, sobrepujados pelos apelos da matéria, que, dia após dia, aproxima-se do aniquilamento e da morte.

Quando crianças, em nossa mente, realizamos todos os nossos sonhos. Mas, quando crescemos, esses sonhos se atrofiam ou são esquecidos, esmagados pelas informações negativas que nos chegam a todo o momento, anunciando crises econômicas, guerras, fome, miséria, abandono, preconceito, doença, violência e crueldade. Vivemos numa sociedade amedrontada, de futuro incerto.

Dentro de nossos corações desenvolve-se a crença de que a vida não vale a pena e a felicidade é impossível. Mas isso não é coisa dos tempos de hoje. O homem sempre quis saber onde e como encontrar a felicidade. As sugestões lhe chegam pela boca de filósofos e profetas, mensageiros divinos, que apontam ao homem o caminho da paz e da felicidade. Mas, por algum motivo, o homem não compreende a mensagem, permanecendo inseguro, lacrimoso, isolado.

Na Grécia antiga, Epícuro dizia que *"a sabedoria é a chave da felicidade – devemos exercitar a virtude para que as sensações sejam substituídas pelos valores espirituais"*. Diógenes declara que *"o homem deve viver de acordo com a própria consciência, ignorando todas convenções humanas e sociais"*. Ele pregava o abandono do supérfluo, para viver o mais naturalmente possível.

Sócrates, o eminente filósofo grego, cujo pensamento é considerado como o precursor do espiritismo cristão, pregava que *"o Homem não é suas roupas ou seu invólucro, mas seu espírito"*.

No hinduísmo, escrito nos Vedas, encontramos a citação de que *"para se chegar ao Nirvana (paraíso, felici-*

dade), é preciso cultivar a serenidade, a pureza, o desprendimento, a caridade, a veracidade e a compaixão".

Buda, o iluminado, refere que *"a fonte de todo o mal e de todo o sofrimento está no desejo – cobiça, egoísmo".* Incentiva seus seguidores a viver uma vida equilibrada, desprendida das coisas materiais, norteados pela caridade, pois somente *"o conhecimento e o amor são as chaves da evolução e da felicidade".*

"Bem-aventurado aquele que dominou o egoísmo, pois atingiu a suprema felicidade".

"Bem-aventurado aquele para o qual deixaram de existir toda a paixão, toda a malícia, todo o desejo e toda a cupidez".

Jesus, o maior mestre de todos os tempos, declarou que *"a felicidade não é deste mundo"*, ensinando ao homem viver em busca de valores eternos que tragam a felicidade plena, e não apenas o prazer fugaz, arrebatador e imediato.

Muitas outras reflexões em torno da felicidade poderiam ser exaustivamente citadas, mas todas elas nos indicam que estamos procurando no lugar errado e da forma errada. Talvez a felicidade plena não seja possível, pois a vida na Terra nos impõe uma série de dificuldades, a começar pela própria transitoriedade de nosso corpo físico, que adoece, envelhece e morre. Mas depende de nós amenizar nossos males e sermos tão felizes quanto pudermos sobre a Terra.

"A felicidade é um jeito de viver, é uma conduta, é uma

maneira de estar agradecido ao Sol, à Lua, a quem lhe estende a mão e também a quem o abandona, pois certamente nesse abandono está a possibilidade de você descobrir a força que existe em seu interior... A maior parte do nosso sofrimento provém de nossas crenças, da maneira como achamos que a vida será resolvida. Simplesmente não percebemos que quando quisermos poderemos mudar o rumo da nossa vida"[1]

Ter o necessário para a vida material e trazer a consciência tranquila devem bastar para sermos felizes. Mas ninguém será feliz se não acreditar nessa possibilidade.

Experimente acreditar que há dentro de você muita força, beleza e luz. Promova uma reforma em sua maneira de pensar. Olhe para dentro de você, conheça a natureza de seus pensamentos mais íntimos, elimine os que lhe empurram cada vez mais para o fundo do poço. Seja seu melhor amigo e motive-se para superar todos os obstáculos e desafios. Compreenda que a vida é dinâmica e que nenhum sofrimento permanece conosco para sempre.

Não se considere infeliz por estar experimentando a dor e o sofrimento, no momento presente. Entenda que toda experiência dolorosa nos oferece grandes oportunidades de crescimento.

Esforce-se para ler este livro até o fim. Sei que não

---

1. *O sucesso é ser feliz* – Roberto Shinyashiki – Editora Gente

é fácil, para alguém que está triste e sem qualquer esperança, reunir forças para se concentrar numa leitura. Mas acho que vale a pena insistir. Tenho a certeza de que você encontrará muitas respostas para suas perguntas.

Aproveite ao máximo as informações deste livro e aprenda a encontrar motivos de alegria em sua existência, extraindo de cada situação preciosas lições de evolução e crescimento. Espero que você consiga compreender que, para Deus, *você é a pessoa mais importante do mundo*.

SEJA FELIZ!

Capítulo 3

Quando a tristeza vira doença?

ESTAR TRISTE É diferente de estar com depressão. Sentir-se triste é perfeitamente normal em momentos de dor e sofrimento. A tristeza tem a finalidade de fazer com que o indivíduo se volte para dentro de si mesmo e avalie as consequências de um acontecimento especialmente doloroso. O indivíduo se fecha para reprogramar sua vida após esse acontecimento e colher o aprendizado possível com o ocorrido. Para isso é preciso desinteressar-se pelo que ocorre a sua volta, dedicar-se a si mesmo, entregar-se aos seus pensamentos. Porém, se esse "desligamento" do mundo permanecer por duas semanas ou mais, talvez a tristeza tenha deixado de ser um recurso normal e saudável, para transformar-se em doença.

Como dissemos, a depressão é uma doença multifatorial, com sintomas bastante diversificados. Daí a importância de se estar atento a seus sintomas e relatá-los aos profissionais de saúde, facilitando o diagnóstico da doença, o mais rápido possível.

Nos Estados Unidos, as associações médicas pensam em preparar um questionário básico visando rastrear possíveis casos de depressão, pois a maior parte deles passa desapercebida porque os depressivos têm queixas muito variadas, facilmente confundidas com muitas doenças de caráter clínico.

Os sintomas abaixo relacionados sugerem depressão quando estão presentes durante a maior parte do tempo por duas ou mais semanas consecutivas:

• Tristeza constante ou irritabilidade persistente, sem causa aparente.

• Desânimo, cansaço, indisposição.

• Perda da capacidade de sentir prazer em tudo o que faz, inclusive naquilo que antes era do seu maior interesse.

• Ansiedade constante, sensação de insegurança, incapacidade, indecisão, pessimismo.

• Sentimentos de culpa, desamparo, solidão, baixa estima.

• Insônia – principalmente acordar no meio da noite e não mais conseguir dormir, ou acordar várias vezes à noite; com menos frequência, o depressivo apresentará dificuldade para "pegar no sono".

• Sonolência excessiva durante o dia, associado ou não à insônia à noite. Acordar cansado, ter vontade de dormir e não acordar mais.

• Falta de apetite (anorexia), ou excesso de ape-

tite; compulsão alimentar, principalmente para doces, chocolate.
- Dificuldade de concentração (sempre distraído); memória ruim.
- Ideias de suicídio – em torno de 15% dos depressivos acabam suicidando-se, caso não obtenham ajuda.
- Crises de choro, sem causa aparente, ou vontade de chorar, mas não consegue.
- Uso de drogas e álcool para sentir-se melhor.
- Sintomas de doenças físicas que não melhoram com os tratamentos instituídos.
- Impotência sexual masculina e frigidez feminina, por perda da libido (desejo sexual).
- No transtorno bipolar do humor a depressão alterna-se com estados de euforia: tagarelice, irritabilidade, insônia, manias de grandeza, excitação sexual exagerada, compras excessivas, uso de drogas e álcool.

Interessante observar que a prevalência de um ou outro sintoma depende da idade, do sexo e da cultura dos pacientes. Por exemplo: no homem, a depressão se apresenta mais frequentemente com sintomas de agressividade, irritabilidade constante, mau humor, uso abusivo de álcool e impotência sexual; nas mulheres, os sintomas clássicos de choro, ansiedade, sentimento de culpa e baixa estima, cansaço, frigidez, alterações de sono e apetite são mais evidentes, enquanto nos adolescentes a irritabilidade, agressividade, desinteresse por tudo e o uso de drogas surgem com mais frequência. As crianças depressivas são agressivas, têm alterações do sono, queda abrupta do rendimento escolar, desatenção, isolamento e infecções de repetição.

Grande parte dos depressivos oculta os sintomas da depressão, pois frequentemente esses sintomas são confundidos com preguiça, falta de coragem e de fé. Não raramente os doentes são criticados por se pensar que depressão é "frescura" e falta do que fazer. Sendo assim, os doentes queixam-se, preferencialmente, de sintomas de doenças físicas e ocultam os sintomas de doença mental. As queixas mais comuns são dores de cabeça crônicas, cansaço, dores no corpo, tonturas, mau funcionamento digestivo (náuseas constantes, gazes, digestão lenta e diarreia, sem causa aparente), quedas súbitas de pressão ou picos hipertensivos isolados, dores no peito, palpitações, falta de ar e sensação de sufocação. Nas mulheres, as alterações menstruais – menstruações suprimidas ou prolongadas –, acompanham os quadros depressivos, assim como dores pélvicas crônicas.

Como se vê, os sintomas da depressão podem estar ocultos atrás de sintomas físicos fictícios. É como se o corpo falasse: "eu não estou bem". Os médicos partem em busca de doenças que justifiquem tais sintomas. Em vão realizam exames variados – sangue, fezes, urina, raio-X, ultrassom, tomografia, ressonância, eletrocardiograma, eletroencefalograma etc.

Começa para o paciente e para seus familiares a peregrinação pelos consultórios de todos os especialistas, gerando desgaste físico, emocional e financeiro.

Em minha experiência como médica, noto a dificuldade dos pacientes aceitarem a doença mental sem preconceitos. Os doentes recusam o diagnóstico de depressão, preferindo crer tratar-se de alguma doença oculta que os médicos são incapazes de encontrar, pois "depressão não é doença".

Lembro-me de um lavrador que, ao iniciar a consulta, disse-me: "quando eu ouvia alguém falar de depressão, dizia que não havia nada que um bom tanque de roupa suja para lavar e um dia de corte de cana debaixo do Sol não resolvesse, pois isso é coisa de quem não tem o que fazer. Agora estou aqui, com depressão; acho que é castigo de Deus, pela minha má língua". Interessante que esse senhor dizia isso com muita dor, porque se sentia humilhado e envergonhado por estar portando uma doença mental.

Ao longo de toda a história da humanidade encontramos pessoas depressivas. Entre os gregos, pensava-se que a melancolia era causada por um mau funcionamento do fígado. Daí o nome melancolia: melano = negra; colia = bile. A bile negra, ao se espalhar pelo corpo, causava um estado de profundo desinteresse pela vida, a perda das cores e da beleza em tudo, a visão da existência num monótono preto e branco, ou cinza.

No Salmo de número 13, Davi clama ao Senhor:
Até quando te esquecerás de mim, Senhor? Para sempre?
Até quando esconderá de mim o teu rosto?
Até quando consultarei minha alma, tendo tristeza em meu coração cada dia?

Hoje, a ciência sabe que a depressão é uma doença de múltiplas causas e precisa de uma abordagem ampla em seu diagnóstico e tratamento, envolvendo clínicos, psiquiatras e psicólogos.

De forma sintética e didática, resume-se a seguir as principais causas de depressão, que serão detalhadas nos próximos capítulos:

CAUSAS CLÍNICAS:
- Medicamentos e drogas podem causar depressão.
- Doenças crônicas e agudas podem estar associadas à depressão.
- Alterações hormonais – menopausa, adolescência, pós-parto etc.

CAUSAS GENÉTICAS:
- Disfunção no lobo pré-frontal direito – gerando, preferencialmente, o arquivamento de experiências negativas e pessimismo.
- Diminuição das aminas cerebrais – serotonina, noradrenalina, dopamina, e outros.

Causas psicológicas:
- Imaturidade psicológica – dificuldade para lidar com frustrações (orgulho).
- Sentimento de perda – que nasce da ilusão de posse.
- Baixa autoestima – insegurança – dificuldade de expressar o que pensa e o que sente. Incapacidade de impor limites, o que leva o indivíduo a aceitar as agressões da ignorância e da maldade alheia, confundindo humildade com submissão e negação de valores, gerando acúmulo de *mágoas* e *ressentimentos*.
- Sentimento de culpa – Depressão como autopunição.
- "Síndrome dos reféns da vida" – algumas pessoas optam por serem vítimas da vida e, ao invés de triunfar sobre os próprios limites, encontram na depressão um jeito de não enfrentar a vida, ou de manipular pessoas.

Causas espirituais – obsessão

Nos capítulos subsequentes detalharemos cada uma dessas causas e veremos o modo de combatê-las.

Capítulo 4

Fatores clínicos e genéticos causadores da depressão

4.1 – Disfunções cerebrais e alterações na produção e liberação dos mensageiros químicos do cérebro.

COM O AVANÇO da ciência médica compreende-se que, na maior parte dos casos, a predisposição ao aparecimento das doenças é de fundo genético. Mas o determinismo genético não é absoluto, ou seja, embora tenhamos predisposição a determinadas patologias, elas se manifestarão sob condições especiais, chamadas fatores desencadeantes.

Alguns autores referem que os fatores genéticos responderiam por 30% das causas das doenças, mas que os outros 70% são fatores desencadeantes ambientais e comportamentais, que poderiam ser evitados.

Isso significa que a presença de um determinado gene responsável por uma doença não indica, fatalmente, que a doença irá se manifestar naquele indivíduo, pois para isso contribuem muitos outros fatores.

Na depressão, por exemplo, sabe-se que a predisposição genética é a principal causa da doença, que apresenta, desse modo, caráter familiar, podendo desencadear-se diante de fatores estressantes ou, até mesmo, sem nenhuma causa aparente.

Com isso cai por terra a ideia errônea e preconceituosa daqueles que dizem ser a depressão uma doença de gente fraca, covarde, ociosa e sem fé. Quem assim se expressa demonstra desconhecimento da gênese física, psíquica e espiritual da depressão.

Os distúrbios cerebrais orgânicos causadores de disfunção cerebral, que culminam com o aparecimento dos sintomas depressivos, reforçam a necessidade de utilização de medicamentos para reajustar as funções cerebrais, em detrimento daqueles que julgam curar a depressão puramente por meios religiosos ou psicanalíticos. Como muitas outras áreas da medicina, as opiniões divergem. Na verdade, como abordarei em capítulo oportuno, julgo que o tratamento ideal envolve um conjunto de medidas médicas, psicológicas e comportamentais, além do amparo da fé, para que o indivíduo se reequilibre e se mantenha bem.

Algumas pesquisas científicas demonstram que os depressivos teriam uma atividade aumentada no lobo pré-frontal direito do cérebro e que isso causaria o arquivamento preferencial das experiências traumáticas e negativas, em detrimento das experiências positivas.

Isso quer dizer que as pessoas depressivas têm um cérebro predisposto a ver o lado negro de tudo, e têm imensa dificuldade de fixar o lado bom dos acontecimentos vividos.

Trabalhos realizados por pesquisadores americanos, nos quais se mostravam várias cenas alegres e tristes, pedindo-se posteriormente que os indivíduos escrevessem tudo o que se lembravam de ter visto, demonstraram que os indivíduos que tinham predisposição à depressão haviam arquivado, em suas mentes, a maior parte das cenas tristes, lembrando-se bem pouco de cenas felizes. Os indivíduos sem predisposição à depressão fizeram exatamente o contrário. Isso mostra que "só fica depressivo quem pode, não quem quer".

Além dessas disfunções cerebrais citadas, sabe-se que nos depressivos há déficit nos níveis de serotonina e noradrenalina no cérebro, além de outros neurotransmissores cerebrais, que seriam os mensageiros da alegria e do bem-estar do cérebro. A deficiência desses mensageiros facilitaria a instalação da depressão.

Embora as causas genéticas sejam as mais importantes, há patologias clínicas e medicamentos que podem desencadear a depressão. Portanto, diante de um quadro depressivo é importante que o indivíduo busque a orientação médica, pois a doença pode ser secundária a outras doenças clínicas que, se tratadas, podem devolver ao indivíduo seu equilíbrio emocional.

Relaciono abaixo algumas das situações de origem orgânica de cujo quadro clínico a depressão pode fazer parte. Importante dizer que este livro dirige-se ao público geral, e não especificamente à classe médica. Desse modo citarei apenas as situações mais comuns, visando alertar as pessoas que estejam enfrentando o drama da depressão para que *possam discutir com seu médico a possibilidade dessas situações estarem causando a doença. De modo algum se justifica basear-se no que está escrito neste despretensioso livro para suspender, sem ordem do seu médico, qualquer tratamento ao qual esteja se submetendo, sob risco de ter a patologia agravada.* Isso seria um ato de irresponsabilidade imperdoável, pelo qual eu não quero ser culpada.

4.2 – Medicamentos e drogas que podem causar depressão:

• ANTI-HIPERTENSIVOS – como a metildopa, por exemplo.

• IMUNOSSUPRESSORES – tais como a ciclofostamida e o metotrexate, usados no tratamento do câncer, de doenças autoimunes (lupus eritematoso sistêmico e a artrite reumatoide, por exemplo) e em transplantados.

• CORTICOSTEROIDES – antialérgicos e anti-inflamatórios à base de dexametasona, betametasona, triancinolona, prednisona, e outros, frequentemente usados por reumatologistas, ortopedistas, pediatras, imunologistas, pneumologistas etc.

- HORMÔNIOS – anticoncepcionais, terapia de reposição hormonal, por exemplo.
- DROGAS LÍCITAS E ILÍCITAS – como medicamentos para emagrecer que contenham anfetaminas (anfepramona e femproporex), álcool, cocaína, maconha, LSD, ecstasy etc.

4.3 – Doenças agudas que podem ter sintomas de depressão (assim denominadas porque são potencialmente autolimitadas)

Durante um quadro infeccioso mais intenso é comum o indivíduo permanecer deprimido antes, durante e até alguns dias depois da manifestação da doença. Isso pode ser observado durante pneumonia, gastroenterite, dengue ou outra doença aguda. Esse episódio depressivo é normal e deve ceder após a convalescença da doença. Faz parte do modo reacional de cada organismo frente a um agente agressor. Isso tem por objetivo fazer com que o organismo poupe energia para gastá-la toda nas defesas contra o agente agressor. É natural, nesses casos, que o indivíduo não queira se alimentar, queira apenas dormir, não tenha vontade de sair e passear, fique mais irritado e manhoso. Só deve haver preocupação com esse comportamento se, finda a doença, o indivíduo não conseguir retornar ao normal, o que não é comum.

Especialmente em idosos, ou em crianças muito pequenas, quadros depressivos podem estar associados a infecções subjacentes, cujas manifestações clínicas não estejam evidentes.

4.4 – Doenças crônicas associadas à depressão (as que são potencialmente incuráveis ou de evolução arrastada)

A depressão pode *anteceder* ou *acompanhar* o surgimento de doenças crônicas, tais como o câncer, a aids, e as doenças reumatológicas (artrite reumatoide, lupus eritematoso sistêmico, dermatomiosite, esclerodermia etc).

Pacientes que tenham tido enfarte, acidente vascular cerebral ("derrame"), ou sofrem de diabetes, por exemplo, costumam apresentar depressão. Alguns autores acham que a depressão pode ser uma das causas desencadeantes dessas patologias, pois os depressivos costumam descuidar-se da saúde, são mais sedentários e estressados, costumam fumar e beber e não aderem a programas de controle de peso, colesterol, diabetes e hipertensão. Por esse motivo têm risco aumentado de desenvolver doenças tipo aterosclerose. Chega-se a estimar que a depressão aumente, e muito, as chances de se ter um infarto agudo do miocárdio e, por esse motivo, a depressão está sendo incluída nos fatores de risco das doenças cardiovasculares.

A depressão, nas doenças crônicas, tanto pode ser a causa como a consequência delas, pois quando o doente encontra-se diante de uma doença incurável e/ou incapacitante é natural que fique deprimido.

Outras doenças que podem estar associadas à depressão são os estados demenciais dos idosos, muitas vezes causados por má circulação cerebral, que pode e deve ser tratada, o que acarreta melhora do humor. A esclerose múltipla, a doença de Parkinson, a doença de Alzheimer e outras patologias degenerativas do cérebro também apresentam a depressão como um dos sintomas dessas doenças.

O traumatismo de crânio pode gerar disfunção cerebral e predispor ao surgimento da depressão, assim como o uso abusivo de álcool e drogas pode causar lesões cerebrais irreversíveis, que evoluirão para a depressão.

4.5 – Distúrbios hormonais: adolescência, menopausa e outros

As alterações dos vários hormônios em nosso organismo são outros fatores desencadeantes da doença. O hipotireoidismo – em que há a diminuição dos hormônios da tireoide, com consequente lentificação de todo o metabolismo –, é uma causa frequente de depressão.

Outras doenças como síndrome de Addison, síndrome de Cushing, hiperparatireoidismo e outras patologias que gerem distúrbios hormonais também levam à depressão. Porém as fases em que ocorrem muitas alterações hormonais e que podem ou não associar-se à depressão, são a *menopausa*, a *gravidez*, a *terapia de reposição hormonal*, o uso de anticoncepcionais e a *puberdade*.

A adolescência é um período crítico, tanto física, como emocionalmente, assim como a fase de menopausa e andropausa ("a menopausa masculina"). São períodos de grandes oscilações nos níveis hormonais que podem causar depressão, mesmo que não haja qualquer problema emocional evidente.

A reposição hormonal das mulheres, em alguns casos, resolve a depressão causada pela falta dos hormônios femininos, mas, em outros casos, é esse tratamento que leva a mulher a sentir-se deprimida, por efeito colateral dos medicamentos à base de hormônios sintéticos.[1] O mesmo ocorre com o uso de anticoncepcionais. Por isso é preciso ficar alerta e sempre informar ao seu

---

1. NA: Há controvérsias: alguns autores afirmam que a falta de estrogênios na mulher levaria à depressão, enquanto outros refutam tal ideia dizendo que a depressão na menopausa se deve mais a fatores psicológicos e culturais do que propriamente hormonais.

médico os medicamentos que estão sendo utilizados. Os familiares devem estar cientes do uso de qualquer medicamento novo, pois geralmente são eles que observarão as mudanças de comportamento do indivíduo para alertá-lo, se os sintomas depressivos surgirem.

A gravidez e o período pós-parto são fases de grande risco para o desenvolvimento da depressão. No caso da depressão pós-parto além dos sintomas depressivos a mulher também costuma rejeitar o bebê. É importante que a família compreenda que isso é uma doença e que busque o tratamento adequado, ao invés de criticar e condenar a mulher, que já está por demais sofrendo e não tem culpa do que sente. Algumas mulheres chegam ao extremo de matar o próprio filho numa crise depressiva grave – a chamada psicose puerperal.

Com o que ficou exposto, podemos perceber que a depressão exige a pesquisa de muitos fatores desencadeantes. Por isso é importante lidar com a doença sem preconceitos e procurar um profissional habilitado a afastar e/ou tratar as causas clínicas desencadeadoras do distúrbio de humor ou as associadas a ele.

CAPÍTULO 5

O perfil psicológico do depressivo

5.1 – Noções elementares de psicologia

ATÉ O PRESENTE momento, vimos que na gênese da depressão está a hereditariedade como fator de predisposição ao aparecimento da doença. Além disso, incluímos as alterações na química cerebral, as sequelas de doenças infecciosas agudas e crônicas, as alterações hormonais e os efeitos colaterais causados por medicamentos e drogas.

Certamente esses fatores orgânicos são importantes, mas fundamental é conhecer a estrutura psicológica do indivíduo que o torna mais ou menos suscetível à depressão.

Se por um lado ainda não podemos influir sobre os fatores genéticos, podemos, e muito, agir sobre os fatores psicológicos que nos fragilizam e que permitem o aparecimento da doença.

Isso significa que podemos mudar algo em nós que

nos torne imunes ou, no mínimo, mais resistentes à depressão. Em nossas mãos estão os meios de evitar e vencer essa patologia que rouba o sorriso de nossos lábios e tira o brilho da vida em nós.

Nossa mente é muito complexa. Há um lugar em nossa casa mental desconhecido por nós que reúne nossas potencialidades adormecidas, mas que podem despertar a qualquer momento e serem boas ou más.

Para melhor compreendermos como funciona nossa mente e aprendermos a conhecer melhor esse nosso "lado oculto" vamos precisar conhecer um pouco da ciência que estuda a mente e o comportamento humano, chamada psicologia.

A teoria psicanalítica – conjunto de hipóteses a respeito do funcionamento e desenvolvimento da mente humana –, é uma parte da psicologia geral e se interessa, tanto pelo funcionamento mental normal, como patológico.

Em 1913, Freud sugeriu ser a mente composta por três partes ou sistemas:

1. O CONSCIENTE: aspectos da vida mental da qual temos pleno conhecimento.

2. O SUBCONSCIENTE: é a parte do inconsciente que pode aflorar à consciência determinando o comportamento do indivíduo. Pensamentos, ideias e desejos desconhecidos por nós, de modo consciente, são aí guardados, mas podem ser trazidos à tona mediante esforço

de atenção. Esses pensamentos e atos – depois de arquivados no subconsciente –, programam nossas atitudes. Desse modo o subconsciente funciona como um terreno muito fértil que abriga as sementes que nele depositamos, sem julgá-las boas ou más. Apenas cuida para que frutifiquem. Por isso é importante selecionarmos os pensamentos que abrigamos em nossa mente, pois eles determinarão nosso destino e materializarão pessoas e situações ao redor de nós. Se pensarmos que somos incapazes e que tudo em nossa vida dará errado, nosso subconsciente registra esses pensamentos e passa a agir de acordo com eles. Tudo passa a dar errado, pois essa foi a "ordem" que nosso subconsciente registrou.

3. O INCONSCIENTE: inclui desejos e aspirações primitivas que não alcançam facilmente a consciência porque são censuradas pela mente. Esse conjunto de processos da mente age sobre a conduta, mas escapam à consciência. Nele estão os traumas e recalques estudados pela psicanálise.

Para a Doutrina Espírita, o inconsciente representa o próprio espírito. *"O inconsciente resultaria, desse modo, da soma de todas as experiências vividas pelo espírito em várias encarnações e conteria todos os conhecimentos, virtudes e vícios adquiridos em toda a trajetória evolutiva.*[1]

---

1. *Autodescobrimento – uma busca interior* – Joanna de Ângelis / Divaldo P. Franco – Editora LEAL.

Precisamos compreender que muitos de nossos atos são determinados por conteúdos de nosso inconsciente, sem que possamos perceber esse processo. Para ilustrar ao leitor esse fato cito um caso de ação dirigida pelo subconsciente, no chamado ato falho: ao enviar um e-mail para o amante, a jovem adúltera o enviou, "por engano", ao próprio namorado que, desse modo, descobriu o caso e terminou o relacionamento com ela. Coloquei entre aspas o "por engano" porque, na verdade, foi um ato falho. Explicando melhor: em seu subconsciente a consciência de culpa achava errado o que a jovem fazia. Traição era algo imperdoável para ela. Desse modo, ao errar o e-mail, a moça estava inconscientemente se punindo, pois sendo descoberta pelo namorado seria castigada por ele e, desse modo, teria a culpa expiada.

Freud também distinguiu três estruturas mentais funcionalmente relacionadas, chamando-os de Id, Ego e Superego.

O sistema Id é o responsável pelos impulsos ou desejos instintivos. O Id deseja que todos os impulsos sejam satisfeitos, por isso a busca de prazer é inata em nós.

A criança pequena representa bem o Id, pois é um indivíduo em busca de satisfação imediata de seus impulsos e tem pouca percepção do ambiente que a cerca. Ela chora de fome, exigindo a presença da mãe e não consegue perceber que a mãe está preparando seu alimento.

À medida que o tempo passa a criança vai desenvolvendo habilidade e técnicas para alcançar seus objetivos e aprende a satisfazer seus desejos dentro dos limites da realidade. Os perigos enfrentados pela criança e as frustrações a que se submete provocam o desenvolvimento do Ego, que acaba assumindo o papel de mediador da mente, estabelecendo o equilíbrio entre os impulsos do Id e o mundo real, que permite ou não a satisfação desses desejos.

A terceira etapa do desenvolvimento da mente envolve desde o temor da punição até a adoção real, pela criança, das normas e padrões de comportamento dos pais.

O processo pelo qual a criança experimenta culpa e "copia" o código moral e ético da família e da sociedade recebe a denominação de introjeção.

O Id está sempre fazendo pressão para a satisfação dos impulsos (desejos instintivos). Mas esses desejos nem sempre são compatíveis com os hábitos e valores da sociedade em que o indivíduo se insere, nem com o código de moral do indivíduo. Então surge o Superego despertando a culpa e exigindo reparação. O Ego é o mediador entre ambos para tentar resolver o conflito e para isso utiliza-se de saídas capazes de esvaziar a pressão sobre a mente. Essas saídas são chamadas de "mecanismos de defesa do Ego". Tais mecanismos promovem uma adaptação do indivíduo consigo mesmo e com a sociedade.

As funções dos mecanismos de defesa são:
- Proteção da personalidade
- Satisfação das necessidades emocionais
- Redução das tensões e angústias que surgem dos impulsos inaceitáveis
- Modificação da realidade para torná-la mais aceitável e tolerável

As doenças mentais surgem quando os mecanismos de defesa se tornam ineficientes, obrigando a uma repetição deles sem atingir os quatro objetivos acima, gerando no indivíduo inexplicável sensação de angústia.

Embora pareça algo técnico e você tenha o desejo de pular esse capítulo do livro, é importante entender os mecanismos de defesa utilizados pelo Ego, para que possa compreender como funciona sua mente no estado normal e patológico. Isso o ajudará a corrigir os desvios de rota, autodescobrindo-se e libertando-se das prisões mentais que o fazem infeliz.

Os mecanismos de defesa do Ego que são interessantes para o estudo da depressão são:

1. REPRESSÃO – consiste em repelir e manter fora da consciência os desejos, afetos, conflitos e frustrações. *Negação* – Negar é não tomar consciência momentaneamente até que tenhamos forças para assimilar a frustração que sofremos ou o impulso que julgamos inadequado. Na maior parte das vezes negamos nossos

defeitos e frequentemente projetamos nos outros o que temos por dentro. Quando uma pessoa diz "eu jamais sinto raiva de alguém" significa que ela julga esse sentimento errado ou pecaminoso. Por isso nega sua existência em si mesma. Porém, negar um sentimento não é destruí-lo. Geralmente o sentimento negado é apenas *reprimido*, sufocado. Mas ele quer vir à tona e faz pressão sobre a mente, gerando enorme gasto de energia mental para mantê-lo escondido. Ele pode retornar à consciência na forma de angústia indefinível e gerar depressão. É preciso compreender que os sentimentos não são bons ou ruins, mas apenas sentimentos. Melhor é aceitar que ainda estamos num grau de evolução em que os maus pensamentos e sentimentos ainda fazem parte de nós e que são normais. Devemos evitar, porém, agir movidos cegamente por eles.

2. Regressão – quando nasce um irmãozinho, por ciúme e necessidade de carinho, a criança regride a um nível inferior de desenvolvimento da personalidade e volta a urinar na cama, a chupar chupeta, a querer mamar no peito da mãe. Do mesmo modo, quando tem um bebê, a mulher, antes segura e determinada, regride emocionalmente e deseja que a mãe esteja por perto para ajudá-la com a criança, pois se sente frágil e incompetente. Esse retorno a uma fase de desenvolvimento psicológico anterior é chamado de regressão. Se a mulher for amparada, logo ela recupera a confiança e volta a

tornar-se forte como antes. Caso contrário, ela pode desenvolver depressão.

3. FORMAÇÃO REATIVA – é o aparecimento de comportamentos socialmente aceitáveis que expressam exatamente o contrário dos desejos inconfessáveis. É a mãe excessivamente protetora que esconde um impulso inconsciente de rejeição pelo filho. Isso é comum entre as mães que rejeitaram a gravidez ou tentaram abortar a criança. É o caso também da filha solteirona que esconde por trás de uma devoção exemplar a raiva e o desejo de morte para com a mãe viúva, pela qual a filha sacrificou propostas de casamento. Se esse mecanismo não entrasse em ação a pessoa se consumiria em culpa e teria depressão, por exemplo.

4. COMPENSAÇÃO – um indivíduo fraco e baixinho pode compensar essa fragilidade desenvolvendo temperamento agressivo e dinâmico. Uma pessoa insegura pode demonstrar-se autoritária para compensar a sensação interior de fragilidade e insegurança. A falta de beleza física pode ser compensada por uma simpatia e alegria contagiantes. Comer demais, quando deprimido, pode ser uma tentativa de compensar a carência de afeto.

5. PROJEÇÃO – o ato de atribuir aos outros os traços de personalidade, as atitudes, os motivos e os desejos que são censurados pelo próprio indivíduo. Quando alguém critica severamente a conduta dos outros está,

na verdade, criticando nos outros aquilo que se nega a reconhecer em si mesmo. Por exemplo, se vejo malícia em tudo é porque dentro de mim existe malícia e capacidade de trapacear. Por esse motivo somente as pessoas puras caem nas mãos dos golpistas. Não tendo maldade dentro de seus corações veem nos corações alheios somente bondade. Assim também aquele que trai o cônjuge ou tem o desejo de fazê-lo costuma ser ciumento e vê a possibilidade de traição em tudo. A projeção é responsável pelas ideias de referência, quando o indivíduo crê ser objeto de atenção e depreciação das pessoas que o rodeiam. Se entra em um local e as pessoas riem, entende essa atitude dos outros como desrespeito e gozação; não compreende que o riso pode ter sido motivado por qualquer outro assunto, ou que as pessoas talvez nem a tenham notado e que, na verdade, projetou nos outros seu complexo de inferioridade e sua baixa estima. A própria pessoa se julga feia, incompetente, ridícula e acha que os outros também pensam isso dela. Isso é uma das grandes causas de depressão por mágoa e ressentimento, além da ansiedade social ("hipertimidez").

6. IDENTIFICAÇÃO – é o mecanismo pelo qual copiamos dos outros seu modo de ser, por admirá-los. É também o mecanismo pelo qual nossa personalidade incorpora conceitos, traços, atitudes, qualidades e defeitos de pais, professores, líderes religiosos, personagens da

televisão etc., para formar nosso código moral e ético, determinante de nosso comportamento social. A identificação pode ter a finalidade de satisfazer um desejo, consciente ou não. Se esse desejo for impossível de ser satisfeito pelo indivíduo, ele busca realizá-lo no outro. É assim que pais que tiveram desejos frustrados buscam realizá-los nos filhos. Quantos filhos se formam advogados, médicos, bailarinos, pianistas, judocas etc., por imposição dos pais porque esse era o desejo deles quando jovens, mas não puderam satisfazê-los. Quantos filhos vivem depressivos por causa disso! Do mesmo modo as novelas e filmes fazem sucesso porque o espectador se identifica com os personagens que são e fazem aquilo que eles desejariam ser ou fazer.

7. Fantasia – os desejos instintivos que não podem ser cumpridos podem ser satisfeitos através de fantasias. São frequentes as fantasias sexuais no momento da relação com o cônjuge. As pessoas fantasiam que estão se relacionando com determinado personagem da TV, ou realizando sexo grupal ou homossexual. É importante compreender que na escala evolutiva somos animais e que os impulsos sexuais são instintivos em nós. Não há razão para culpar-se e mortificar-se devido a fantasias que julgamos pecaminosas, quando apenas denunciam ainda a presença da natureza animal em nós. Já tive a oportunidade de tratar depressivos por complexos de culpa gerados por fantasias desse tipo.

8. Racionalização – o indivíduo busca explicar sua conduta através de raciocínios superficialmente verdadeiros, pois se reconhecesse a verdadeira razão de seu comportamento isso lhe causaria sentimento de culpa ou diminuiria o respeito por si mesmo. Por exemplo, eu posso dizer que despedi tal funcionário somente porque a empresa precisa cortar despesas, quando o motivo real, embora inconsciente para mim, é que eu quero me livrar da presença desse indivíduo porque desde que ele chegou na empresa percebi que é alvo de elogios constantes do meu chefe e temo perder meu cargo para ele.

9. Deslocamento – por meio desse mecanismo os afetos originais dirigidos a uma pessoa, situação ou objeto se transferem para outra. Por exemplo, uma criança que de repente desenvolva um medo de ladrões ou de fantasmas pode estar dando vazão ao medo inconsciente que tem do pai, da mãe, da professora, da empregada etc. Isso ocorre porque a criança teme ou não pode assumir que se sente ameaçada pelos pais, professores, ou outra pessoa qualquer. Fica depressiva, reagindo com medo ou agressividade exagerados. Quando não estamos nos sentindo bem é comum deslocarmos as insatisfações que sentimos para outras pessoas. Pensamos em mudar de casa, de cidade, de emprego e de cônjuge. Lembro-me de uma senhora que culpava o marido por sua depressão, pois ele era muito autoritário. Conversamos com o marido e ele mudou

seu comportamento, mas a mulher continuou deprimida e passou a culpar a casa onde moravam. Dizia que se eles mudassem de casa talvez se sentisse melhor, pois sentia falta de bons vizinhos.

10. SUBLIMAÇÃO – os impulsos e desejos que não podem ser realizados são geralmente reprimidos e mantidos nos porões do inconsciente. A sublimação é canalização de toda a energia psíquica que não pode ser liberada de outra forma para a realização de algo construtivo. Por exemplo, a agressividade pode ser sublimada (canalizada) para os esportes, para a competição sadia no campo profissional, para a superação de obstáculos e subjugação do meio ambiente. A energia sexual não gasta no ato sexual em si pode ser direcionada para a criação em todos os níveis da arte, da música, literatura. Os grandes dirigentes espirituais como Jesus, por exemplo, canalizaram toda sua energia psíquica (impulsos) para a ação contínua no bem de todos. Isso é sublimação no mais alto grau.

5.2 – A imaturidade psicológica

Amadurecido emocionalmente é o indivíduo que suporta frustrações e que consegue adiar um prazer.

É interessante entendermos que maturidade emocional e maturidade biológica são duas coisas diferentes.

O indivíduo pode ter quarenta anos e ser amadurecido biologicamente, mas comportar-se, emocionalmente, como uma criança de dez ou doze anos. Esses indivíduos imaturos têm dificuldades para lidar com frustrações e acabam sendo vítimas fáceis da depressão.

A grande diferença entre o indivíduo imaturo e o amadurecido é, entre outros aspectos, que o imaturo não sabe retardar um prazer, nem lutar por ele. Tudo o que quer, tem que ser quando e como ele quer. O indivíduo amadurecido consegue desejar algo, mas compreende que talvez tenha que esperar, ou tenha que se esforçar mais para obtê-lo, ou ainda, compreende que nunca possuirá o objeto desejado. Desse modo consegue substituí-lo por outro que esteja ao seu alcance, ou simplesmente conforma-se, desiste, sem rancor.

No desenvolvimento da criança a palavra "não" é tão importante quanto o "sim", mas muitos pais sentem culpa quando dizem não aos filhos, como se essa fosse uma palavra maldita. Em parte isso ocorre porque a maioria dos pais trabalha fora o dia todo, enquanto os filhos ficam aos cuidados de professores, monitores de creches, escolinhas, com avós ou babás. Quando os pais chegam em casa, após um extenuante dia de trabalho, têm dificuldade de negar algo que o filho peça, pois se sentem culpados por tê-lo deixado "sozinho" o dia todo e querem compensar a carência afetiva desse filho realizando as suas vontades.

Esse sentimento de culpa gera a superproteção e a dificuldade de impor limites aos filhos, criando-os como verdadeiros deuses. Tudo o que se pede, dá-se. É uma forma de sentir-se aliviado da culpa e de diminuir também as discussões com os filhos, que não aceitam o não como resposta. Seja por complexo de culpa ou por estar cansados demais para enfrentar a birra dos filhos, os pais cedem aos caprichos desses pequenos deuses e a harmonia do lar se estabelece.

Esse filho mimado, porém, crescerá conhecendo somente o sim, e desconsiderando a existência do não. Enquanto os pais podem, eles dão tudo ao filho, mesmo que para isso tenham que fazer grandes sacrifícios pessoais.

Algumas vezes os pais agem dessa forma não por sentimento de culpa, mas pelo mecanismo de identificação antes descrito. Enxergam nos próprios filhos as crianças "feridas" que eles mesmos foram e tentam compensar, nos filhos, as carências que eles mesmos tiveram quando crianças. Isso faz com que os pais pensem: "eu não quero que o meu filho passe pelas dificuldades e sofrimentos que eu passei". Com isso eles mimam e protegem ao máximo seus filhos, evitam todo e qualquer dissabor, em nome do mais puro amor.

Esquecem, desse modo, que quem ama diz não tanto quanto diz sim, pois o amor não dispensa a energia, quando necessária.

Quando chegam à adolescência, os filhos, agora elevados à categoria de deuses, acham que o mundo está para eles, e não o contrário. Diante das primeiras dores e frustrações esses jovens caem em depressão, porque não aprenderam a lidar com o "não".

Quando se trata, por exemplo, de conquistar um (a) namorado (a), de encontrar um trabalho, enfrentar um concurso ou vestibular, ou de fazer amigos, os pais nada podem fazer além de sustentar os filhos em suas frustrações. Por isso é preciso que os pais aprendam a falar não aos filhos, com firmeza, sem medo e sem culpa, para que eles aprendam a lidar com a frustração gerada pelo querer e não poder ter. Somente assim se tornarão adultos fortes e prontos para enfrentar os obstáculos que a vida fatalmente lhes oferecerá, como meio de promover o desenvolvimento da inteligência e da moral – uma das finalidades da vida na Terra.

As pessoas que não sabem lidar de modo adequado com o "não" acabam se impondo e dominando as pessoas com quem convivem através do autoritarismo ou da culpa.

Os dominadores autoritários são os intolerantes, mandões, críticos, exigentes, que usam o poder e a violência, se necessário, para fazer valer a sua vontade. Os cônjuges e filhos, sob esse domínio, vivem subjugados e depressivos, ou acabam se tornando também autoritários e violentos, para defender-se e garantir sua sobrevivência em meio tão hostil. Quando não são aceitos pelo grupo social, os dominadores autoritários, abandonados e desprezados por todos, muitas vezes, acabam caindo nas malhas da depressão, pois são imaturos demais para promover a mudança de atitude necessária ao equilíbrio de si mesmos.

Os dominadores culpadores são aqueles imaturos que usam a culpa como forma de subjugar as pessoas e fazê-las obedecer a sua vontade. É o caso da jovem que ameaça o namorado dizendo que vai suicidar-se, caso ele a abandone; ou a mãe que cobra dos filhos submissão total pelos anos de dedicação a eles, impedindo-os de viver suas próprias vidas ao lado de quem eles escolheram, ou onde eles julgam ser melhor. É o filho quarentão que diz ao pai que seus negócios não vão bem porque o pai não o ajuda financeiramente; é a esposa que dificulta o processo de separação dizendo que dedicou a vida toda à família, deixando de lado os estudos e o trabalho, para o bem de todos, e agora se sente usada e abandonada.

Crianças criadas com rigor excessivo e orientadas a obedecer cegamente as ordens dos pais, sob ameaças e castigos, correm o risco de tornar-se subjugadores dos outros, ou servis demais, abdicando do próprio livre-arbítrio. Nesse último caso, tornam-se subservientes por não saberem impor limites, nem dizer não para os outros, pelo medo de serem rejeitadas, pois creem que somente dizendo sim serão amadas.

O excesso de "sim" para tudo o que a criança pede pode ser interpretado por ela como indiferença, assim como o excesso de "não" pode ser interpretado como rejeição.

Portanto, se queremos afastar de nossos filhos, não somente a depressão, mas também contribuir para seu amadurecimento, devemos aprender a temperar nossa forma de educá-los com amor e energia. Sugiro a leitura de livros[2] que possam orientar os pais nessa difícil, mas gloriosa tarefa.

5.3 – O sentimento de perda

Somente perdemos aquilo que não possuímos verdadeiramente.

Vivemos numa sociedade que valoriza demais as aparências. É mais importante ter do que ser. As pessoas vivem apegadas às coisas materiais e colocam no topo de sua escala de valores os bens transitórios da vida. Diante dos revezes da fortuna, por exemplo, não têm recursos psicológicos para suportar a perda, desenvolvendo a depressão.

A sociedade atual nos ensina que acumular posses

---

2. *Limites sem trauma* – Tânia Zagury – Ed Record; *Seja feliz, meu filho; Disciplina, limite na medida certa* e *Quem ama educa*, esses últimos do psiquiatra Içami Tiba – Editora Gente.

e ter prestígio social é uma forma de se ter segurança. Em prol do imediatismo, os valores legítimos da alma, tais como as virtudes e as conquistas intelectuais, ficaram esquecidos.

Os bens materiais e as pessoas são vistos como brinquedos nas mãos de seus possuidores. Não podemos esquecer, porém, que somos apenas usufrutuários dos bens terrenos.

Se analisarmos com clareza, veremos que chegamos nus a esse mundo, num corpo esculpido às custas dos elementos doados pelos nossos pais. Quando desse mundo partirmos, devolveremos esses elementos à Natureza e voltaremos ao mundo espiritual, de onde viemos, levando conosco somente a soma de nossas virtudes e vícios, adquiridos ao longo da jornada terrena.

O sentimento de perda nasce da ilusão de posse. Dizemos: meu filho, meu marido, meu neto, minha esposa, minha casa, meu emprego, meu carro, e assim sucessivamente. Esquecemos que nada disso possuímos, verdadeiramente. Nem mesmo nosso corpo nos pertence. Somente possuímos o que podemos levar conosco quando chegar a hora de partir para a grande viagem que nos levará de volta às nossas origens espirituais.

Por isso Jesus dizia: *Não ajunteis tesouros na Terra, onde a traça e a ferrugem tudo consomem, e onde os ladrões minam e roubam. Mas ajuntai tesouros no céu, onde nem a traça nem a ferrugem consomem, e onde os ladrões não mi-*

nam e não roubam (...) Não é a vida mais do que o mantimento, e o corpo mais do que o vestido? (...)[3].

Com esse raciocínio Jesus não queria desdenhar dos bens materiais, mas colocá-los em seu devido lugar. O dinheiro, assim como o poder político ou social, constitui-se em mecanismo de progresso. Ninguém está errado em desejar o próprio bem-estar e o de seus familiares, mas que não se coloque os bens materiais, transitórios, acima dos bens espirituais, eternos. Que não se invertam os valores da vida.

De acordo com nossa escala de valores podemos entrar em profunda depressão por perder um emprego, por nos ver privados do prestígio social, por perder um imóvel, dinheiro, carro, joias ou por não podermos comprar determinado objeto que elegemos como essencial.

O sentimento de perda causado pelo distanciamento das pessoas que amamos vale um comentário à parte. As pessoas têm desejos e metas próprias, não podendo ser manipuladas pela vontade de quem quer que seja. Cada um tem o direito de seguir suas próprias escolhas, mesmo que os caminhos escolhidos não sejam os idealizados por nós. O amor verdadeiro deve sustentar o ser querido no degrau de luta que ele julga apropriado. Toda e qualquer tentativa de aprisionamento de

---

3. Mateus, capítulo 6, versículos 19:25.

uma alma querida, mesmo que por amor, é crueldade. O papel dos pais e educadores deve ser o de quem ajuda o indivíduo sob sua guarda a descobrir seu próprio potencial e a viver segundo suas próprias crenças, tendo o cuidado de não invadir o direito dos outros.

Mas há uma dor que é bem mais pungente, causada pela partida de um ente querido, desta para outra vida. É o duro exercício do adeus. É claro que seria melhor que um pai nunca tivesse que enterrar um filho e vice-versa. Porém, há coisas que escapam ao nosso controle. Embora saiba que a cada dia dá um passo na direção da morte, o homem moderno vive como se jamais fosse morrer. Na verdade deveríamos viver cada momento como se fosse o último. Mas tememos falar na morte e procuramos não pensar nela.

Tememos a morte por vários motivos: pelo bem-estar dos que ficarão, pelo que virá depois da grande viagem, pelo sofrimento dos minutos finais, pela dor que a saudade deixará em nós. Mas muitos falecem serenos e referem-se à presença de familiares queridos que os vêm buscar, o que diminui o medo da partida. De modo geral, o desespero é maior para quem fica do que para quem vai partir.

Quando a morte é repentina, a dor dos que ficam é maior porque não permite despedidas, acerto de contas, arrependimento, perdão e reconciliação.

Nas mortes ocorridas por doenças de longo curso

o paciente e a família passam por várias fases que, de certo modo, os preparam para a partida. Inicialmente negam a doença – recusa-se a ideia da morte e pensa-se que o médico ou o exame está errado. Posteriormente vem a fase da revolta. Depois começa a tentativa de se barganhar com Deus, quando são feitas promessas para se negociar a cura. Finalmente vem a sensação de derrota e impotência: o doente piora, debilita-se, fica sonolento, isola-se. Nesse momento ele se prepara para aceitar a partida, revê toda sua existência, despede-se, pede desculpas e parte.

Uma questão surge: a *separação da alma e do corpo é dolorosa?*[4]

R: Não; o corpo, frequentemente, sofre mais durante a vida que no momento da morte; neste, a alma nada sente.

A separação entre a alma e o corpo se verifica instantaneamente?[5]

R: Não, a alma se desprende gradualmente e não escapa como um pássaro cativo que é subitamente liberto.

Geralmente o espírito, no instante da morte, é tomado de um estado de perturbação que precede os momentos finais, de modo que não esteja consciente durante o processo.

---

4. *O Livro dos Espíritos* – Allan Kardec – Editora EME – questão 154.
5. Idem, questão 155.

O espírito encontra imediatamente aqueles que conheceu na Terra e que morreram antes dele?[6]

R: Sim, segundo a afeição que tenham mantido reciprocamente. Quase sempre eles o vêm receber na sua volta ao mundo dos espíritos e o ajudam a se libertar da matéria. Vê também muitos que havia perdido de vista e outros espíritos que estão na erraticidade, bem como os encarnados, que vai visitar.

Ouço com frequência pessoas dizendo que quem morreu nunca voltou para contar se há realmente outra vida. Com certeza desconhecem as inúmeras mensagens psicografadas por Chico Xavier que foram analisadas por especialistas em grafoscopia[7] e que atestam que muitas mensagens contêm a letra e a assinatura idêntica à que o falecido tinha quando vivo. Fatos como esse já foram aceitos em tribunais como prova de inocência em casos de pessoas acusadas de assassinato, como consta em livros sobre a biografia do Chico.

Para aqueles que não creem em psicografia, mesmo quando a ciência a comprova, lembro o fato de que na Bíblia há muitas aparições de pessoas que já haviam

---

6. *O Livro dos Espíritos* – Allan Kardec – Editora EME – questão 160.
7. *Psicografia à luz da grafoscopia* – Carlos Augusto Perandréa – Editora FE – a grafoscopia pode ser definida como um conjunto de conhecimentos norteadores dos exames gráficos, que verifica as causas geradoras e modificadoras da escrita, através de metodologia apropriada, para a determinação da autenticidade gráfica e da autoria gráfica.

transposto os umbrais da morte. Todos os evangelistas citam, com detalhes, as aparições de Jesus, após sua morte[8]. Paulo é convertido pelo Mestre na estrada de Damasco[9]. Os apóstolos veem Jesus conversando com os espíritos Elias e Moisés (ambos falecidos), no episódio da transfiguração relatado em várias passagens do Novo Testamento[10].

Alguns pregam que não devemos chorar diante dos mortos porque isso aumenta o sofrimento deles. Mas os especialistas advertem: sufocar lágrimas, abafar o luto e ignorar a morte é a pior forma de enfrentá-la. É preciso transformar a dor em saudade e as lágrimas de revolta em "lágrimas de esperança".[11]

Para os que se encontram depressivos pela morte de entes queridos vale lembrar que antes de serem nossos filhos, pais ou avós, eles são filhos de Deus, e que, para Deus, tudo é vida, tanto no mundo material como no mundo espiritual. A morte é uma tragédia para nós, mas para Deus é simples mudança de endereço de uma alma para onde lhe possa ser mais proveitoso e útil.

Chorar a perda de um ente querido é natural e saudável. Devemos, porém, evitar o desespero e a revolta,

---

8. Lucas 24
9. Atos 9: 1-31
10. Lucas 9:28-36
11. *Lágrimas de esperança* – é o título de um livro que trata da perda de entes queridos – Editora EME – Elaine Aldrovandi.

que não ajudam em nada a quem fica, ou a quem partiu. Transformar a dor em saudade e orações, dedicando-se a encontrar outros corações solitários, nas ações da caridade, é meio seguro de passar o tempo que nos resta, antes do grande reencontro com os que amamos.

" O sino plange em terna suavidade
No ambiente balsâmico da igreja;
Entre as naves, no altar, em tudo adeja
O perfume dos goivos da saudade.

Geme a viuvez, lamenta-se a orfandade:
E a alma que regressou do exílio beija
A luz que resplandece, que viceja
Na catedral azul da imensidade

"Adeus, Terra das minhas desventuras...".
Adeus, amados meus..." – diz nas alturas
A alma liberta, o azul do céu singrando...

— Adeus... – Choram as rosas desfolhadas,
— Adeus... – Clamam as vozes desoladas
De quem ficou no exílio, soluçando...[12]

---

12. *Parnaso de além-túmulo* – "Adeus" –, poema psicografado por Chico Xavier – Editora FEB.

5.4 – A mágoa e o ressentimento

... Mas insistir na ostentação de mágoa é teimosia sacrílega; lamento pouco viril; mostra uma vontade desrespeitosa ao céu, um coração débil, alma impaciente, mente simplória e inculta... "Hamlet" – William Shakespeare.

- O QUE É A MÁGOA E O RESSENTIMENTO?

A mágoa nada mais é que a dor que sentimos diante de uma ofensa. É um sentimento de tristeza, de pesar, de desgosto, que muitas vezes é arquivado na forma de ressentimento – melindre, rancor. O ressentimento representa a raiva contida, ou seja, a diferença entre o agressor e o ressentido; é que o primeiro optou por exteriorizar sua raiva, enquanto o segundo optou por arquivá-la.

Para muitas pessoas esse conceito parece estranho, mas precisamos entender que, ao sermos agredidos, seja física ou verbalmente, nasce em nós um sentimento de dor que nos provoca raiva ou medo. Estes sentimentos são instintivos em nós e, portanto, são normais.

- PARA QUE SERVE A RAIVA?

Se o estímulo que sofremos nos causa medo, nossa reação mais provável será a fuga. Se esse estímulo nos provoca raiva, nos preparamos para desencadear uma reação urgente que resultará na reeducação do agressor ou em atitude violenta de nossa parte. Tudo vai depender de nosso grau de controle da raiva – o que está diretamente ligado à prevalência maior ou menor do instinto animal em nós.

Portanto sentir raiva não é bom nem ruim, não é feio nem bonito, mas sim um sentimento natural, cuja finalidade é gerar uma ação urgente e enérgica em resposta a uma agressão sofrida. Porém, ao invés de direcionarmos a energia da raiva para a violência, devemos canalizá-la para a superação dos obstáculos à nossa frente e provocar a transformação positiva do meio em que vivemos. Podemos usar, por exemplo, a energia da raiva para competir de modo saudável no trabalho, enfrentar as adversidades da vida, superar todos os desafios. Em um acidente de carro é a energia da raiva que nos faz arrebentar a porta para salvar nosso filho preso às ferragens.

Essa "agressividade positiva" muda e transforma o mundo para melhor, enquanto a "agressividade negativa" causa a violência e a crueldade. A ausência completa da agressividade gera a apatia, a conformação e a depressão.

Portanto, a poderosa energia da raiva, se bem controlada, só trará benefícios. Quando expressa sem limites, leva à delinquência e ao crime. Quando é simplesmente guardada na forma de mágoa e ressentimento, volta-se contra o seu portador e desencadeia doenças físicas (psicossomáticas), ou doenças mentais, principalmente a depressão.

• QUAIS AS CONSEQUÊNCIAS DA RAIVA PARA O NOSSO CORPO?

Pesquisas demonstram que a raiva, ao dominar nosso cérebro, sufoca nossa capacidade de distinguir o certo do errado e não nos permite prever as consequências dos nossos atos a curto ou longo prazo.

Vários estudos científicos demonstram que a raiva é prejudicial à saúde, principalmente para o sistema cardiovascular. Isso é facilmente compreensível se nos lembrarmos que a raiva libera grandes quantidades de adrenalina, noradrenalina e cortisol. Essas substâncias levam a alterações fisiológicas que deixam o organismo em estado de alerta máximo, preparado para reagir prontamente. Há aumento dos batimentos cardíacos e da pressão arterial, aumento do fluxo sanguíneo para os músculos, mantendo-os tensos; ocorre diminuição do fluxo sanguíneo para a pele – gerando palidez cutânea e sudorese fria. Além disso, ocorre eriçamento dos pelos, boca seca, dilatação da pupila – com aumento das percepções visuais –, diminuição do fluxo sanguíneo para o tubo digestivo – com prejuízo da digestão –, aumento da glicose no sangue e aumento da produção e estoque de energia pelo organismo, e muitas outras alterações.

Imagine uma pessoa que vive sentindo-se enraivecida, mantendo-se nesse estado de alerta constante. Não há dúvidas de que ela perderá a saúde, podendo desenvolver, a longo prazo, diabetes, hipertensão, angina, enfarte, acidente vascular cerebral ("derrame"), além de tendinites, artrites, gastrites e outras "ites" mais.

Movidas pelo sentimento de raiva contida – ressentimento, rancor –, muitas pessoas empreendem vinganças contra o ofensor e perdem a oportunidade de viver com a consciência tranquila.

Alguns passam horas e horas em diálogos mentais infrutíferos, pensando no que deveriam ter dito ou no que pretendem dizer ao ofensor, assim que o encontrarem. Permanecem ligados à ofensa, sentindo e ressentindo o sabor amargo do ódio. Com o tempo esse ressentimento vai roubando imperceptivelmente a paz do indivíduo, gerando angústia, amargura e depressão.

- COMO LIDAR COM A RAIVA DE MODO SAUDÁVEL?

Se a raiva é um sentimento básico proveniente de nossa herança animal, negar sua existência não implica no fato dela deixar de existir. Melhor é aprender a lidar com ela.

Desenvolver a paciência, a compreensão e a tolerância para com as pessoas que convivem conosco, aprendendo a perdoar o ofensor, são meios seguros de vivermos em paz, mas essas virtudes não nascem conosco e resultam de muitos esforços pessoais.

Há muitas sugestões de psicólogos e psicanalistas que podem nos auxiliar a lidar com esse sentimento. Em alguns casos, quando a raiva surgir, pesquisas científicas demonstram que um questionamento enérgico, uma análise lógica e uma reavaliação dos pensamentos que detonaram a raiva pode dissipá-la. Sair para caminhar, praticar um esporte onde a raiva possa ser extravasada, tais como judô, karatê, futebol, aerobox etc., também ajuda. Alguns autores especializados em psicoterapia aconselham a falar diante do espelho, como se estivesse diante do agressor, e dizer ao espelho tudo o que queria dizer ao ofensor, deixando a energia gerada pela raiva esvair-se completamente. Salutar, também, gritar e esmurrar almofadas, como se estivesse esmurrando quem o agrediu. Outros autores aconselham a escrever vinte minutos por dia durante cinco dias, a situação vivida que nos causou raiva, tentando encontrar uma razão para explicar os motivos que levaram o agressor a agir da forma como agiu. Tentar também escrever que comportamentos em nós podem ter sido o estopim da agressão e, finalmente, tentar encontrar os ganhos que esse conflito pode nos ter trazido. Desse modo nasce a compreensão e o perdão.

Por exemplo, se um funcionário de um banco nos trata com grosseria ou indiferença, sentimos raiva por isso; porém se nesse momento pensamos que ele está agindo assim por que está cansado, com problemas em casa ou com seu chefe, ou seja, se conseguirmos não levar a agressão para o lado pessoal, os sentimentos de tolerância e compreensão nos levarão fatalmente ao perdão da ofensa, e permaneceremos tranquilos.

Para alguns, paciência e tolerância são sinais de fraqueza e de passividade, mas a paciência e a tolerância derivam de uma capacidade de manter-se firme e inabalável, sem ser dominado por situações externas. É preciso ser forte e disciplinado para ser paciente e tolerante.

Penso que o adversário é o nosso melhor professor, pois nos mostra exatamente como somos e isso facilita-nos o autoconhecimento e a reforma íntima, tão necessária para o nosso crescimento espiritual. Não devemos, porém, simplesmente aceitar com docilidade tudo o que seja feito contra nós, mas sim adotar fortes medidas defensivas, a partir de um sentimento de compaixão, e não de ódio, de forma a educar o agressor, para que ele não crie o hábito de nos ferir.

O indivíduo que tem baixa autoestima sente dificuldade para expressar seus sentimentos. Com medo da rejeição, torna-se incapaz de impor limites aos outros e acaba por aceitar as agressões, talvez por confundir humildade com submissão ou negação de valores. Isso gera acúmulo de mágoas e ressentimentos, levando à depressão.

Algumas pessoas optam por viver entre pessoas

que as agridem e desprezam constantemente, justificando que isso se deve aos "carmas" provenientes de existências passadas. Na verdade aceitam viver assim por medo de mudar e ter que enfrentar novos desafios. Outras vezes, guardam profundos complexos de culpa e se submetem a verdadeiras sessões de autopunição ao lado dos "seus algozes".

É importante compreender que boa parte de nossas mágoas resulta da não realização de nossas expectativas, ou seja, projetamos nos outros nossos sonhos e desejos e ficamos magoados quando essas pessoas nos decepcionam. Mas eles não têm culpa por não serem ou não fazerem aquilo que gostaríamos que eles fossem ou fizessem. Não podemos esquecer que é impossível viver uma vida inteira isenta de decepções e ingratidões, assim como é impossível ser amado e compreendido por todos, todo o tempo.

Por outro lado há indivíduos excessivamente melindrosos. Ofendem-se por nada, porque sofrem de um terrível complexo de inferioridade e tendem a ver desprezo e ofensa pessoal em tudo. Por isso se diz que o ressentimento tem suas raízes no próprio ressentido e não na ofensa em si mesma. Jesus, por exemplo, perdoou a humanidade por compreender sua ignorância. Ele não se ofendeu com as agressões sofridas porque não as levou para o lado pessoal. Sabia que aqueles homens estavam fazendo o melhor que podiam, de acordo com o conhecimento e a sabedoria que possuíam naquele momento, ou seja, no grau de evolução em que se encontravam.

- Como aprender a perdoar?

Se conseguirmos ver o agressor como um espírito doente, desequilibrado, inseguro, medroso, vaidoso e orgulhoso, disfarçado sob o manto de uma suposta superioridade, não será tão difícil perdoá-lo. Além do mais, quem ganha com o perdão somos nós, pois nosso pensamento gera quadros mentais que circulam ao redor de nossa mente. Quando nos desligamos mentalmente do agressor, evitando cultivar por longo tempo desforras mentais, não somente iniciamos o caminho do perdão, como também o da libertação de nós mesmos.

Finalmente precisamos compreender bem o significado do ato de perdoar, pois dependendo do modo como encaramos o perdão podemos aboli-lo de nossas vidas, ou transformarmo-nos em "sacos de pancada" para os outros.

Perdoar não é ser apático frente aos erros alheios, não é aceitar de forma passiva as agressões, abusos, manipulações e desrespeito aos nossos direitos e limites pessoais e fingir que está tudo bem para não ter que alterar toda uma vida de relacionamentos; perdoar não é apoiar comportamentos que nos tragam dores físicas ou morais e simplesmente reprimir a raiva. Perdoar não é "ser conivente" com as condutas inadequadas de parentes e amigos, mas ter compaixão, ou seja, en-

tendimento maior através do amor incondicional. Portanto, é um "modo de viver".[13]

Poderíamos acrescentar que perdoar é um modo de viver de quem primeiramente abre mão do direito de vingança, para depois esquecer a ofensa e, finalmente, atingir um estágio de não se sentir ofendido, a exemplo de Jesus, que sentia compaixão pelo ofensor.

A compaixão pelo ofensor pode ser definida aproximadamente como um estado mental de não violência, que se fundamenta na compreensão das razões que levaram o agressor a cometer a má ação contra nós; baseia-se no pressuposto de que cada criatura age da forma que pode, de acordo com seu grau de entendimento e evolução espiritual. A compaixão faz nascer o desejo de libertar as criaturas do sofrimento, e se baseia numa atitude de compromisso, responsabilidade e respeito para com o outro[14].

5.5 – O sentimento de culpa

"Sejam quais forem suas crenças, lembre-se de que elas não passam de pensamentos, e que pensamentos podem ser modificados". Louise L Hay[15]

---

13. *Renovando atitudes* – Hammed / psicografado por Francisco do Espírito Santo Neto – capítulo: Aprendendo a perdoar – Editora Boa Nova.
14. *A arte da felicidade* – Dalai Lama – Livraria Martins Fontes Editora.
15. *O poder dentro de você* – Louise Hay – Editora Best Seller.

Assim como o espelho serve para embelezar nosso rosto, a culpa serve para embelezar nossa alma.

O sentimento de culpa é essencial para estabelecer limites e possibilitar o convívio social. Porém, quando excessiva, a culpa corrói a qualidade de vida da pessoa e anula seus planos para o futuro.

Esse sentimento surge numa fase em que o indivíduo tem *consciência do mal* que pratica e pode compreender a extensão dos débitos que adquire ao cometer um delito. Isso lhe dá a oportunidade de *se arrepender* e de *reparar* o erro através de um ato de *amor*. Antes dessa fase, a *dor* é o instrumento de educação capaz de demonstrar ao indivíduo seus erros e fixar o aprendizado.

Por exemplo, quando uma criança pequena tenta introduzir o dedo na tomada e é advertida pelos pais por palavras suaves – com amor –, ela não compreende que isso é errado e continua tentando introduzir o dedo na tomada, não por teimosia e desobediência, mas por não compreender o mal que faz a si mesma. Somente quando é advertida com palavras ásperas ou quando leva um choque – quando a dor a adverte –, ela aprende, através do sofrimento, que essa é uma atitude que deve ser evitada. Por isso é comum dizer que os dois professores que a vida nos oferece são o amor e a dor. Podemos nos fazer surdos ao primeiro, ou simplesmente não o compreender, mas obedecemos imediatamente às ordens da segunda.

Assim acontece na vida do espírito: quanto maior o atraso moral da alma, menor sua consciência da dor que espalha pelo caminho de seus semelhantes. Para essas almas, muitas vezes, resta o recurso do "quem com ferro fere, com ferro será ferido", ou seja, sofrer em si mesmo o que fez o outro sofrer – não como punição ou castigo, mas como forma de reeducação moral.

Desse modo, alguém que sequestra e mata o filho de outrem pode, nesta ou noutra existência, ter seu filho perdido e jamais encontrado. Essa é a lei de causa e efeito, também conhecida como lei de ação e reação. Por isso é preciso saber semear, pois "o que se semeia, colhe-se".

O sentimento de culpa é adquirido pelo indivíduo nesta encarnação, ou pode renascer com ele, resultando de erros cometidos em existências anteriores.

Na encarnação presente, o sentimento de culpa é introjetado pela criança mediante a reprovação dos atos infantis pelos pais, ou outros indivíduos que convivam com a criança. Quando ela comete um ato que recebe a aprovação dos pais fica feliz e procura repeti-lo; quando, ao contrário, recebe a desaprovação, seja através de uma crítica contundente, uma palavra áspera ou um tapa, a criança se entristece e registra esse ato como algo pernicioso que não deve ser repetido. Desse modo vai se delineando em nossa mente o código moral a que vamos nos submeter, a consciência do que é certo ou errado para a sociedade em que vivemos. Nosso código moral resulta, portanto, da somatória de todas as experiências vividas por nossa alma nas inúmeras existências que vivemos, ao contato com pais, educadores, amigos, líderes religiosos etc.

O sentimento de culpa é tão antigo que encontramos praticamente em todas a religiões uma forma de expiação da culpa: confissão dos pecados seguida de penitência determinada por uma autoridade da igreja, sacrifícios e oferendas, promessas, autoflagelação etc. Para a doutrina espírita há a necessidade de reparação da falta cometida, nesta ou noutra vida, não para aplacar a ira divina, mas para aplacar a consciência culpada.

Muitas pessoas, por não compreenderem o complexo de culpa que inconscientemente carregam, vivem toda uma existência submetida à amargura e ao sofrimento, em atitude autopunitiva, ou então, vivem em busca da caridade compulsória, não por amor às causas do bem, mas para aplacar a própria consciência culpada.

Há muitas atitudes que nos levam ao sentimento de culpa: a infidelidade, a falta de tempo para a família, sentir que não fez tudo que acha que deveria fazer por um ente que acaba de morrer, sentir-se incapaz de oferecer à família o bem estar que gostaria, sentir-se incapaz de exercer uma sexualidade de forma a agradar o parceiro, ter incompatibilidade com a própria sexualidade (homossexualismo), ser antiético na profissão, infringir princípios religiosos (aborto, infidelidade, divórcio), sentir que falhou na educação dos filhos etc.

Em outros casos, quando os pais se mostram frágeis, ou quando morre o progenitor, geralmente um dos filhos assume o comando da casa, sentindo-se responsável pelo destino de todos. Essas pessoas acabam impedidas de viver a própria vida porque não se desligam dos pais e familiares, assumindo-os como seus próprios filhos. Desse modo, quando não conseguem resolver todos os problemas da família sentem-se culpados e infelizes. Esquecem que amar é sustentar o ente querido em suas provações, mas não arrastar as provações dele para si mesmo.

A culpa não encontraria abrigo em nossa alma, se tivéssemos ampla fé no amor de Deus por nós e se acreditássemos que Ele habita nosso âmago e sabe que somos tão bons e adequados quanto permite o nosso grau de conhecimento e de entendimento. ... As religiões foram criadas para ligar o homem a Deus, mas algumas subjugam os adeptos através da culpa, afirmando que Deus premia ou castiga os homens. Dizendo que Deus se decepciona conosco e por isso não nos admitirá no reino dos Céus, cria-se nas criaturas o temor a Deus. Temer não é o mesmo que obedecer. Obediência e resignação não querem dizer negação do sentimento e da vontade, e sim consentimento da razão e do coração respectivamente[16].

---

16. *Dores da alma* – Francisco do E. S. Neto / Hammed – Editora Boa Nova.

Deus é o criador da vida. É pura bondade e compreensão e vê tudo com olhos de amor. Deus nunca se decepciona conosco e nunca pune Suas criaturas, pois nos conhece profundamente e sabe que nos criou falíveis e imperfeitos, mas destinados a atingir a perfeição, por méritos próprios. Na verdade não é Deus que nos condena, mas sim *nossa consciência de culpa*.

Interessante notar que a culpa mal compreendida serve como instrumento de subjugação e tortura. Qual pai já não cedeu a um pedido de um filho que diz: "você não liga pra mim; só pensa nos seus amigos e no trabalho; nunca fica comigo e quando peço algo você sempre me diz não; os pais da minha amiga não são assim". Qual mãe que nunca utilizou uma frase como essa para subjugar os filhos rebeldes: "quando eu morrer de tanto desgosto não adianta chorar em cima do caixão", ou então, "não faz isso que Jesus fica triste com você". Quantos casais se mantêm unidos, melhor dizendo, algemados um ao outro, por causa de frases culposas como essa: "eu deixei tudo para me casar com você e agora você quer me abandonar? Se você fizer isso eu me mato!"

Importante entender que o sentimento de culpa nos faz submetermo-nos a crueldades como forma de autopunição.

Muito comum encontrarmos casos de pais que trazem complexos de culpa por acharem que não dão atenção suficiente aos filhos e agem com obediência e servidão compulsória, como forma de compensar o passado infeliz.

Pessoas excessivamente servis podem estar camuflando uma obrigação compulsiva de agradar a todos por causa da baixa autoestima e do complexo de culpa.

Muitos projetam o complexo de culpa nos outros e acham que tudo de ruim que lhes ocorre é culpa do governo, dos colegas, dos parentes, dos espíritos maus. Desse modo, deixam de assumir a responsabilidade por seus próprios atos e perdem a oportunidade de aprender com os próprios erros, pois creem que seus fracassos são sempre culpa de outros.

É importante entender que a vida é feita de escolhas. Escolhemos sempre o que achamos ser o certo, para o momento da escolha. Somente repetindo várias vezes nossos atos é que aprendemos a trilhar os melhores caminhos.

Os perfeccionistas costumam se sentir culpados porque acham que têm que acertar sempre, esquecendo-se de que cada um é tão bom quanto permite seu grau de evolução e que Deus nos concede sempre a possibilidade de reparação do erro, nesta ou noutra existência. As causas mais importantes do perfeccionismo estão no medo de falhar e não ser aceito. São pessoas que acreditam que só serão amadas se apresentarem bons resultados. Esses conceitos são adquiridos na infância quando os pais criticam excessivamente os erros dos filhos fazendo-os sentir-se rejeitados e carentes. Essas crianças crescem com a crença de que é preciso apresentar um desempenho perfeito para receber aprovação e ser aceito. É preciso corrigir os erros ressaltando as qualidades e virtudes do indivíduo, compreendendo e aceitando as limitações individuais. Muito melhor que dizer "você parece burro, quantas vezes terei que repetir o que digo?", seria dizer "acho que não me expressei de modo que você possa compreender, tentarei explicar novamente e repetirei o quanto for necessário, pois esse tema é difícil mesmo!"

Seja pelo motivo que for, é preciso combater o complexo de culpa porque ele traz consequências desastrosas para a saúde humana. A mente culpada exige castigo e esse castigo pode vir na forma de depressão, doenças autoimunes e acidentes repetitivos, por exemplo.

Consciência culpada → disfunção do sistema nervoso gerada pela autopunição → depressão.

Liberte-se da culpa aceitando as próprias falhas e planejando mudanças de conduta para não repetir o erro. Sempre repare a falta cometida, se possível, ou peça perdão ao ofendido, mas, acima de tudo, perdoe a si mesmo, pois *Deus não quer a morte do pecador, mas a do pecado.*

"O homem comum não possui ideia senão vaga da importância das criações mentais na própria vida. A mente estuda, arquiteta, determina e materializa os desejos que lhe são peculiares na matéria que a circunda". "... as células atendem com precisão matemática aos apelos da mente".[17]

5.6 – O medo e a sensação de impotência

Vimos que o medo, assim como a raiva, é uma das emoções básicas do nosso cérebro. Sua finalidade é proteger-nos dos perigos, favorecendo a fuga nas circunstâncias em que haja riscos de nos ferir ou de morrermos, por exemplo.

No mundo de hoje, através dos meios de comunicação, chegam-nos inúmeras informações de calamidades, desastres, crimes cometidos com requintes de crueldade, miséria e traição. É impossível negar que o mundo está passando por uma fase de inversão de valores e que a violência campeia desenfreada. Porém, um rápido olhar pelas páginas da história mostrar-nos-á que isso tudo está inserido na sociedade humana, desde os primórdios da humanidade. Alguém talvez possa dizer que hoje está muito pior do que ontem, porém eu penso que hoje temos mais acesso às informações do que ontem. Hoje, a TV está

---

17. *Libertação* – André Luiz / Chico Xavier – Editora FEB.

sensacionalista e busca noticiar o que é mais excitante e que causa maior escândalo, pois sobrevive dos índices de audiência registrados pelos órgãos competentes. Enquanto o apresentador está entrevistando determinada pessoa, o produtor ou diretor do programa o informa, através do ponto eletrônico conectado ao seu ouvido, os índices de audiência registrados pelo IBOPE naquele momento; se a audiência começa a cair, mais do que depressa, o apresentador se livra do entrevistado, ou estende a entrevista, se ocorrer o contrário. Na verdade a televisão tem um poder de formação de opinião extraordinário, infelizmente mal utilizado.

É preciso refletir que *"ao lançarmos mão de uma lanterna em uma noite escura e focalizarmos determinado lugar, vamos torná-lo evidente... Colocar nossa atenção nas coisas da vida é fator importante para nosso desenvolvimento mental, emocional e espiritual, todavia é necessário saber direcionar convenientemente nossa percepção e atenção no momento exato e para o lugar certo. Quanto mais pensarmos e voltarmos nossa atenção para as calamidades e desastres, mais teremos a impressão de que o mundo está limitado à nossa pessoal maneira catastrófica de vê-lo e senti-lo".*[18]

Assim, uma das causas do medo é a conversão da nossa mente para as calamidades e desastres, o que nos

---

18. *Dores da alma* – Hammed / Francisco do Espírito Santo Neto – Editora Boa Nova

dá a sensação de impotência. Isso acontece porque não acreditamos que nossa vida esteja sendo conduzida por um poder maior. Sentimo-nos como um barco sem rumo em meio a um oceano turbulento. Se acreditássemos verdadeiramente que a Vida cuida de nós e que leis de amor conduzem nossos passos em direção ao que é o melhor para nós, com certeza teríamos sob controle nossos medos.

O fato é que este medo descontrolado deixa-nos em estado de alerta máximo, podendo gerar falência do sistema nervoso – ansiedade, pânico, depressão –, ou fomentar a agressão, pois vemos em cada ser que se aproxima de nós um agressor em potencial.

Mas o maior causador do medo não está fora, mas sim dentro de nós. É o nosso "juiz interior", ou seja, nossa "consciência crítica" que julga e cataloga nossos atos, aprovando-os (perdão e liberdade), ou censurando-os (culpa e condenação).

Já dissemos que nosso código moral resulta da soma de nossas existências anteriores e da educação recebida na existência atual, a partir de nossos pais, professores, líderes religiosos etc. Por esse motivo nosso código de leis morais é imperfeito e pode sofrer mudanças de acordo com o grupo social do qual fazemos parte, assim como se modifica à medida que vamos crescendo espiritualmente.

O medo indefinível pode ser causado pela repressão

de impulsos que o nosso "julgador interno" acha inadequados. Para ilustrar e facilitar o entendimento relato o caso de uma jovem que sonhava repetidamente com a morte da mãe e sempre acordava depressiva após esses sonhos; vivia tomada de uma sensação de medo, sem causa específica, mas que a deixava cada vez mais impotente e mais dependente da mãe. Aconselhada a procurar terapia, descobriu-se que a relação entre a mãe e a filha era bastante inadequada: a mãe assumia o papel de dominadora; dirigia a vida da filha solteira, de quarenta anos, como se fosse uma criança de três anos, enquanto a filha exercia o papel de dependente, de dominada, aparentemente humilde e submissa. Porém guardava dentro de si um profundo rancor pela mãe, pois acreditava que todos os fracassos de sua vida se deviam à atitude superprotetora da mãe, que era quem tomava todas as decisões em lugar da filha.

Ao longo do tratamento foi ficando claro que no subconsciente da jovem havia o desejo inconfessável de que a mãe morresse, para que ela pudesse sentir-se livre da dominação e isso ficava evidente nos sonhos de morte da mãe. Mas o seu "julgador interno" – sua consciência de culpa –, registrava esse desejo e o julgava inadequado, um crime que precisava de punição exemplar. A sensação de que seria punida a qualquer momento surgia na forma de medo sem causa aparente e de depressão, pois quem é "mau" não merece ser feliz.

Durante a terapia as coisas puderam se reorganizar. A filha compreendeu que sua mãe a dominava porque ela tinha transferido todo seu poder pessoal para a mãe, que, por sua vez, a superprotegia por julgar a filha frágil demais. A jovem senhora aprendeu a assumir a própria vida, a tomar decisões e arcar com elas, recobrando sua autonomia pessoal e a relação de ambas passou a ser de respeito mútuo e amor verdadeiro. Desse modo os sonhos desapareceram, assim como a depressão e o medo.

Esse caso expressa mais uma vez a ideia de que o subconsciente é o nosso "eu oculto". Nele são registrados nossos mais fugidios pensamentos. Quase tudo o que há em nosso subconsciente é desconhecido por nós, mas, muitas vezes dirige nossos atos.

Precisamos deixar de exigir de nós a perfeição imediata, pois isso gera a autopunição. Quando assumirmos que somos seres inacabados, destinados a atingir a perfeição espiritual após ter vivido muitas experiências, em muitas encarnações, compreenderemos que egoísmo, sensualidade, avareza, orgulho, vaidade e ira são elementos naturais em nós, na atual fase evolutiva em que nos encontramos e que, pouco a pouco, serão deixados para trás. Assim, aliviaremos a consciência de culpa e muitos de nossos medos irão embora.

Sem dúvida alguma arrepender-se de um erro é perceber o comportamento inadequado e corrigi-lo e não propriamente se consumir em culpa.

Quando Jesus nos deixou seu evangelho, como guia seguro a iluminar nossos passos, não nos fixou prazo para cumprir todos os seus ensinamentos, mas indicou que esse era "o caminho, a verdade e a vida".

Se perdoarmos nossas falhas, perdoaremos também os outros, pois compreenderemos que são falíveis como nós.

Os pais precisam refletir sobre como estão educando os filhos. Pais perfeccionistas e críticos geram filhos inflexíveis consigo mesmos, que carregam complexos de culpa e têm baixa autoestima. Isso faz com que permitam ser magoados pelos outros por não conseguirem impor limites ou por se acharem indignos de serem felizes. Muitos desenvolvem fobia social – ansiedade gerada em ambientes públicos ou em situações em que o indivíduo se sinta observado, ocasiões em que se apresenta excessivamente tímido devido ao complexo de inferioridade e mania de perfeição que traz consigo. Outras vezes esses indivíduos excessivamente criticados podem se tornar pessoas intolerantes e críticas também, não admitindo falhas em si e nos outros, vendo defeito em tudo.

É preciso respeitar os limites de cada ser e compreender que cada um faz o melhor que pode de acordo com seu grau de evolução moral e intelectual. Não somos melhores ou piores que ninguém, apenas diferentes uns dos outros, "pois cada ser é uma palavra de Deus que jamais se repete".

Finalmente precisamos lembrar que o medo também pode ser oriundo de conflitos vividos em existências passadas, quando experimentamos sofrimentos expressivos. Joanna de Ângelis assim se expressa: *"Os fenômenos fóbicos procedem das experiências passadas – reencarnações fracassadas –, nas quais a culpa não foi liberada, face ao crime haver permanecido oculto, ou dissimulado, ou não justiçado, transferindo-se a consciência faltosa para posterior regularização. Ocorrências de grande impacto negativo, pavores, urdidas perversas, homicídios programados com requintes de crueldade, traições infames sob disfarces de sorrisos, produziram a atual consciência de culpa, de que padecem muitos atemorizados de hoje, no inter-relacionamento pessoal"*.[19]

Precisamos lembrar também que o assédio de espíritos ignorantes, num fenômeno conhecido como obsessão, do qual trataremos oportunamente, também é responsável por boa parcela do medo que assola muitas pessoas, mas nesses casos os complexos de culpa são as chaves que permitem a entrada dessas almas sofredoras em nossa casa mental.

5.7 – Os "reféns da vida"

Vós sois o sal da Terra; ora se o sal vier a ser insípido,

---

19. *O homem integral* – Joanna de Ângelis/Divaldo Pereira Franco – Editora LEAL.

como lhe restaurar o sabor? Para nada mais presta senão para, lançado fora, ser pisado pelos homens.[20]

Algumas pessoas desconhecem a luz que há dentro delas e optam por serem vítimas de si mesmas. Ao invés de triunfar sobre os próprios limites encontram na depressão um jeito de não enfrentar a vida, ou um meio de manipular pessoas. A esses indivíduos eu costumo dizer que sofrem da "síndrome do coitadinho de mim", pois julgam-se reféns da vida.

No início deste capítulo falamos da imaturidade emocional e explicamos que as frustrações nos amadurecem. A fixação do aprendizado se dá mediante erros e acertos. Para vencer um desafio é preciso ser perseverante. A diferença entre uma pessoa experiente e uma pessoa fracassada é que ambas erraram, mas a primeira aprendeu com os erros e se aperfeiçoou, enquanto a segunda foi esmagada por eles.

Assim sendo, ao tomar decisões progressivamente mais complexas, nas quais o insucesso faz parte, o indivíduo vai desenvolvendo-se moral e intelectualmente, ou seja, vai amadurecendo.

Algumas pessoas, porém, permanecem imaturas. Habituadas, quando crianças, a ter todas as suas ne-

---

20. Mateus 5:13.

cessidades atendidas pelos adultos que as cercam, recusam-se a crescer para não ter que enfrentar responsabilidades. Criadas com excesso de mimos aprendem a exigir sem esforçar-se. Só conseguem enxergar seus direitos, mas fazem-se cegas aos deveres.

De modo geral essas crianças mimadas crescem medrosas, instáveis, ciumentas, suscetíveis e rancorosas. Deixam que os pais tomem as decisões em seu lugar para não assumir responsabilidades, para depois culpá-los por seus fracassos. São pessoas que se queixam de serem sufocadas pela autoridade dos pais ou cônjuges, mas esquecem que se escondem atrás de outras pessoas para fugir das responsabilidades de gerenciar a própria vida. Vivem como verdadeiras parasitas, buscando amparar-se em pessoas fortes, sugando-lhes toda a energia, esquivando-se da sua contribuição pessoal nas conquistas da vida familiar.

Sentem pena de si mesmos e esforçam-se egoisticamente para obter atenção e carinho exclusivos.

Tornam-se pessoas pouco solidárias, pois não enxergam nada além de si mesmas e ficam gravitando em torno de seu problema, que julgam ser sempre maior e pior do que o dos outros.

Quando conclamados ao trabalho em favor do próximo e advertidos sobre a necessidade de serem úteis, elegem mil motivos que justifiquem a sua impossibilidade de agir.

Transferem aos familiares, ao médico, ao terapeuta ou ao cônjuge a responsabilidade de "salvar suas vidas". Andam de um lado para outro, de consultório em consultório, mas nunca estão bem, nunca se curam, porque a cura traria para eles a necessidade de crescer e enfrentar os desafios que a vida fatalmente lhes oferecerá.

O indivíduo sabe que os familiares estão apenas esperando que ele melhore para poderem viver suas próprias vidas e a doença, que pode ser a depressão ou outra doença qualquer, é um meio seguro de não enfrentar a própria vida. Assim sendo, o indivíduo teme a melhora e costuma abandonar o tratamento que vinha surtindo efeito, elegendo para isso um motivo qualquer: por não ter gostado do que o médico ou o terapeuta disse, porque o medicamento apresentou o mínimo de efeito colateral, porque o tratamento é caro etc.

Muitas vezes esse comportamento exibe o que se chama ganho secundário com a doença: "enquanto estou doente, todos estão ao meu redor, cuidando de mim, dando-me atenção e carinho; o que acontecerá comigo quando eu sarar?"

É muito importante entender que a autocompaixão gera insatisfação e isso leva à projeção da culpa sobre outras pessoas, o que acaba gerando a falsa ideia de que se deve mudar de ambiente, de relacionamento, de trabalho etc.

São muito comuns os casos em que o depressivo

projeta a culpa de sua doença no cônjuge, ou num filho problema, ou num patrão cruel, por exemplo. Porém, quando essas situações de conflito desaparecem ou melhoram, o indivíduo continua depressivo. Então elege outro problema para justificar sua tristeza. Desse modo passa toda uma existência de queixas e azedumes, amaldiçoando a própria vida.

Interessante que esse pode ser também um mecanismo de manipulação e punição aos familiares. Explicando melhor: os familiares não conseguem resolver o problema do doente, mas não conseguem deixar de "correr atrás dele", levando-o de consultório em consultório, sob pena de consumir-se em culpa, caso desistam e o doente acabe morrendo ou suicidando-se. Isso é muito comum em mulheres traídas pelo esposo: elas "arrumam" uma doença que nunca sara, enquanto eles aceitam a carapuça do eterno culpado que deve, portanto, ser eternamente punido.

São casos muito delicados e de difícil solução, porque depende do doente conseguir enxergar o papel que exerce na manutenção da doença. Quando o médico ou o terapeuta abre seus olhos, ele passa a odiá-lo, quando deveria agradecer-lhe. É preciso que o indivíduo consiga reconhecer que há muita luz dentro dele para que não sinta pena de si mesmo.

Somente quem consegue enxergar o imenso potencial que há dentro de si consegue mudar de rumo: "deixar de ser vítima de si mesmo para se transformar num triunfador sobre seus próprios limites".

Na verdade os reféns da vida sofrem de baixa autoestima.

Denomina-se autoestima ao conjunto de valores que damos a nós mesmos, ou seja, a autoestima indica o quanto acreditamos, confiamos e gostamos de nós mesmos.

Se você se culpa por quase tudo o que ocorre a sua volta, se traz dentro de você a sensação de que é culpado de algo que desconhece, se sente que é incapaz de tomar decisões sem pedir intermináveis conselhos, se acha que ninguém gosta de você, ou sente-se um "peso morto" para a sociedade, com certeza você sofre de baixa autoestima.

Também faz parte dessa complexa síndrome de autopiedade e baixa autoestima o indivíduo achar que todas as "indiretas" são dadas para ele ou acreditar que todos os que se aproximam dele o fazem por algum interesse. São pessoas que começam e não terminam quase nada do que iniciam, porque sempre desistem achando que não vai dar certo.

Reclamam da vida e de sua má sorte em tudo. Culpam os outros pelos seus fracassos. Têm inveja e ciúme, pois nunca acreditam que são amadas. Quase sempre são tímidas, preocupadas com o futuro, sensíveis e magoam-se facilmente.

Desejam sempre agradar, mesmo se desagradando, não conseguem pôr limites aos outros e sofrem todo tipo de abusos.

Esses indivíduos parecem ser humildes e inseguros, mas, às vezes, disfarçam esse sentimento aparentando orgulho e vaidade, pelo mecanismo de compensação já comentado anteriormente.

Quando estão no comando humilham e criticam os subordinados. São inflexíveis, cruéis, autoritários, arrogantes. Não admitem erros, pois projetam nos outros aquilo que não aceitam em si mesmos: a própria fragilidade e sensação de incompetência.

Na raiz da baixa autoestima está o orgulho e a vaidade, pois quando somos orgulhosos achamos que somos melhores do que realmente somos, e quando a vida nos frustra e nos apresenta uma realidade que não condiz com aquilo que imaginamos, sentimo-nos pequenos demais; aí a realidade nos massacra dizendo que "não somos nada".

Pais, professores ou parentes que humilham e criticam sistematicamente a criança, de modo que ela acabe se sentindo inferior e incapaz, são os responsáveis pela baixa autoestima de seus pupilos. Também os pais superprotetores podem gerar filhos com sentimento de inferioridade e baixa autoestima, pois quando se faz pela criança o que ela deveria fazer, é como se lhe disséssemos que ela não tem capacidade para tal.

Mas, em alguns casos, percebemos que a família não tem culpa nenhuma. Parece que o sentimento de inferioridade nasce com o indivíduo, sendo o reflexo das humilhações, privações, abandono, remorso e culpa adquiridos em existências anteriores à atual.

É importante entender que nós somos seres inacabados. Isso significa que todas as nossas capacidades e ideias criativas estão potencialmente presentes, mas precisamos de tempo para integrar todas essas capacidades.

O maior objetivo da encarnação é o autodescobrimento. Somos essências divinas em busca da perfeição.

A melhor maneira de deixarmos de ser reféns da vida é servir ao próximo em trabalhos voluntários. Assim veremos que há dores bem maiores que a nossa e que há muito trabalho a ser realizado na construção de um mundo melhor para todos.

Lembremo-nos das palavras de Jesus aos discípulos no Sermão da Montanha:

Vós sois a luz do mundo. Não se pode esconder a cidade edificada sobre o monte.

Assim brilhe também a vossa luz diante dos homens, para que vejam as vossas boas obras e glorifiquem a vosso Pai que está nos Céus.[21]

---

21. Mateus 5:14,16

5.8 – A ansiedade fora de controle

"Não andeis, pois, ansiosos pelo dia de amanhã, pois o dia de amanhã a si mesmo trará seu cuidado. A cada dia basta o seu mal."[22]

A ansiedade tem como principal sintoma a expectativa apreensiva ou preocupação exagerada, mórbida. A pessoa está a maior parte do tempo preocupada em excesso. Além disso, tem inquietude, cansaço, dificuldade de concentração, irritabilidade, tensão muscular, insônia, sudorese, palpitações, diarreia, má digestão etc. Esses sintomas são crônicos – estão presentes na maior parte dos dias, por muitos meses ou anos. Alguns pacientes informam que sempre foram tensos e nervosos, desde crianças.

Embora não haja relação de continuidade específica e determinante entre a ansiedade e a depressão, comumente essas patologias surgem associadas uma a outra num fenômeno chamado de comorbidade. Nesse caso em que o paciente apresenta sintomas de ansiedade e depressão denomina-se depressão ansiosa ou transtorno misto. Os ataques de pânico (ataques súbitos de angústia de morte, sudorese fria, palpitação, diarreia, vômitos, tontura e sensação de sufocação, que duram poucos minutos), também pode ocorrer nos indivíduos ansiosos.

---

22. Mateus 6:34

O transtorno de ansiedade social, também conhecido como fobia social, se caracteriza por um quadro de ansiedade que surge em situações em que a pessoa é observada pelos outros: comer, fazer uma apresentação ou simplesmente assinar um cheque, na presença de outras pessoas. Nessas ocasiões o indivíduo sofre de sintomas como tremores, sudorese, enrubescimento da face, "brancos", palpitações, tontura, sensação de desmaio.

Estatísticas variam, mas algo em torno de 6% da população sofre de ansiedade generalizada crônica; 10 a 15% evoluem com ataques de pânico, enquanto 12 a 18% sofrem de depressão. A ansiedade pode aparecer desde a infância, mas comumente surge entre 17 e 25 anos de idade.

As causas da ansiedade podem ser genéticas ou adquiridas (aprendizado, educação, modo de viver de um indivíduo etc.).

Passamos a maior parte do tempo preocupados com o futuro, ou relembrando o passado com mágoa ou culpa. Dedicamos bem pouco tempo ao nosso presente, esquecendo-nos de que não podemos mudar o passado e que o futuro depende do que fizermos hoje.

Entre os inúmeros fatores de perturbação responsáveis pelo surgimento da ansiedade estão:

- Competição pela sobrevivência.

- Possuir, gozar a vida, dominar (pensamento da sociedade ocidental).
- Importante *ter* e não, propriamente, *ser*.
- Bombardeio de informações negativas pelos meios de comunicação.
- Guerras e rumores de guerras.
- Anúncio de doenças devastadoras, superpopulação, fome e miséria.
- Danos ecológicos com superaquecimento e falta de água.
- Notícias de crimes, tragédias, violência.
- Desemprego tecnológico.

Tudo isso gera insegurança e medo.

"A preocupação de parecer triunfador, de responder de forma semelhante aos demais, de ser bem recebido e considerado, é responsável pela desumanização do indivíduo, que se torna um elemento complementar no grupamento social, sem identidade, nem individualidade... apegado aos conflitos da competição humana ou deixando-se vencer pela acomodação, o homem desvia-se da finalidade essencial da existência terrena, que se resume na aplicação do tempo para a aquisição dos recursos eternos, propiciadores da beleza, da paz, da perfeição."[23]

---

23. *O homem integral* – Joanna de Ângelis/Divaldo Pereira Franco – Editora LEAL.

Para controlar a ansiedade e diminuir a possibilidade de desenvolver depressão e pânico os medicamentos ansiolíticos e antidepressivos são importantes, mas devem sempre estar aliados a uma mudança de comportamento e, mais precisamente, da forma de encarar a vida.

Algumas questões precisam ter respostas objetivas, suficientemente concretas para nos transmitir tranquilidade.

De onde viemos? Para onde vamos? Por que estamos aqui?

- Viemos do mundo espiritual e para ele regressaremos. Portanto a vida na Terra é meio e não um fim em si mesmo.
- Aqui estamos para a aquisição de recursos eternos: adquirir virtudes e desenvolver a inteligência.
- Todos os bens materiais são empréstimos divinos; só possuímos o que podemos levar conosco após a morte física, ou seja, nossas virtudes e conhecimentos adquiridos.

Quem quer viver com menor grau de ansiedade precisa disciplinar-se:
- Analise-se e responda: o que é essencial, importante e interessante realizar em sua vida? Dedique-se a conquistar isso, nessa ordem exata.
- Viver de modo a concentrar toda a inteligência e vontade no que é essencial, no momento presente.

Defina seus objetivos:
- O que precisa ser mudado em sua vida?
- O que você tem que fazer para mudar?
- O que o impede de realizar essas mudanças?
- Faça tudo com amor para que o remorso e a culpa não lhe consumam quando você errar.
- Esqueça o passado, pois ele já está escrito e não pode ser mudado; preocupe-se com o presente, pois ele determinará seu futuro.
- Tenha a coragem de fazer e errar. Reconheça seus erros, mas nunca se culpe por eles, pois errar é uma forma de adquirir experiência. Lembre-se que a diferença entre o experiente e o fracassado é que o primeiro aprende com os erros, enquanto o segundo é esmagado por eles.
- Busque a renovação contínua: nunca deixe de progredir. A vida não para e não espera os retardatários.
- Mantenha a saúde mental cultivando o otimismo. Pare de se queixar. Aceite os obstáculos como desafios.
- Viva o momento presente: olhe nos olhos, converse, sorria; não deixe isso para o futuro, pois sua existência na Terra pode acabar ainda hoje.
- Lembre-se de que as relações sociais são de troca. Faça mais do que os outros esperam de você. Não queira você dever algo aos outros.
- Acredite em si mesmo, acredite na sua capacidade de dar certo. Acredite na sua capacidade de realizar e vencer tudo.

- Lembre-se que Deus não erra, que não existe nada na vida que não tenha uma razão de ser e que "não cai uma só folha sem que haja nisso a vontade do Pai".
- Não se preocupe: se o problema tem solução, não há porquê se preocupar com ele; se não tem solução é porque você talvez precise aprender a resignar-se.

- Mude sua forma de pensar, por exemplo:

Pensamento distorcido: preciso ser amado e aceito por todos para que me sinta valorizado.

Pensamento correto: verificar na própria vida o grande número de pessoas que o ama e respeita você como é.

Lembre-se de que ficam ansiosos e depressivos aqueles que se fixam nos aspectos negativos dos acontecimentos. Acontecem três coisas boas no dia e uma ruim, mas eles só se lembram das ruins.

Não se esqueça: o seu maior desafio é o autodescobrimento.

Capítulo 6

Influências espirituais como causa de depressão

"E naqueles dias desceram profetas de Jerusalém para Antióquia e, levantando-se um deles, por nome Ágabo, dava a entender, pelo espírito, que haveria uma grande fome em todo o mundo, e isso aconteceu no tempo de Cláudio César".
Atos 11:27-28

"E o anjo do Senhor falou a Felipe, dizendo: levanta-te e vai para a banda do Sul, ao caminho que desce de Jerusalém para Gaza, que está deserta".
Atos 8:26

"Porque todos podereis profetizar uns depois dos outros para que todos aprendam e que sejam consolados".
I epístola de Paulo aos Coríntios – 14:31

"... Porém, no arraial ficaram dois homens de nome Eldade e Medade, e repousou sobre eles o espírito (porquanto estavam entre os inscritos, ainda que não saíram à tenda), e profetizaram no arraial...".

Números 11:26

A COMUNICAÇÃO ENTRE os espíritos e os homens é fato conhecido pelos povos antigos.

Nos livros sagrados dos Vedas encontram-se referências à comunicação entre vivos e mortos, assim como entre os gregos, egípcios, hindus, e tantos outros povos. Os hebreus, no tempo da escravidão no Egito, chegaram a praticar o intercâmbio com os espíritos de forma tão desregrada e abusiva que Moisés, o grande legislador hebreu, determinou que fossem proibidas as evocações dos mortos para fins de adivinhação, feitiçaria, encantamentos, previsões de futuro e rituais de magia, conforme se lê no Deuteronômio 18.

Na Bíblia, como se vê nas referências acima transcritas, a comunicação dos espíritos com os homens aparece com bastante frequência, tanto no Novo como no Velho Testamento. Vale a pena lembrar que a palavra profeta vem do grego e quer dizer "através de", ou seja, profeta é um indivíduo através do qual as mensagens espirituais chegam aos homens para alertá-los, entre outras coisas, de que a vida não se extingue no túmulo.

Em países europeus, muito antes do advento do espiritismo, há referências ao intercâmbio entre homens e espíritos através da mediunidade. Na Suécia, Immanuel Swedenborg (1688-1772) era uma espécie de repórter do além. Na Escócia, em 1792, Edward Irving era capaz de provocar efeitos físicos com sua mediunidade, escrevia e falava várias línguas quando em estado de transe, o que também acontecia com Andrew Jackson Davis (1826-1910), nos Estados Unidos.

Há referências históricas de médiuns famosos como os irmãos Eddy, Enrique Slade e Daniel Douglas Home (ingleses), Ira Erastus e Guilherme Davenport (americanos), que provocavam fenômenos de levitação, transporte, materialização, pintura mediúnica, clarividência, psicografia etc.

Igualmente interessante é o caso de Eusápia Paladino: napolitana analfabeta que apresentou trinta e nove tipos de fenômenos mediúnicos comprovados pelos cientistas da época.

Nos Estados Unidos, na cidade de Hydesville – NY –, em 1848 as filhas de um pastor metodista, Kate (11 anos) e Margareth (14 anos), foram notícia em todos os jornais da época por serem as médiuns responsáveis pelos fenômenos espirituais provocados por Charles B. **Rosma**, mascate assassinado por antigos moradores da casa, no ano de 1843, e que fora sepultado numa parede falsa da casa. O espírito Charles comunicava-se através das médiuns porque queria que o crime fosse divulgado aos policiais e que seu corpo recebesse um sepultamento digno.

A crença na ação de espíritos ou demônios gerando doença, desemprego, discórdia, uso de álcool e drogas é bastante difundida em nossa sociedade, principalmente entre os espíritas e os evangélicos. Muitos pacientes já me perguntaram se a depressão deles é causada por algum "encosto". Entre os evangélicos é ainda pior, pois eles julgam que o próprio demônio está a persegui-los, o que lhes infunde verdadeiro terror.

A finalidade dessa obra não é provar a existência dos espíritos, pois partimos do pressuposto de que eles existem. Mas cabe aqui a análise do fato: os espíritos podem nos importunar e causar depressão?

6.1 – Os espíritos influem sobre nós?

Vivemos num mundo de vibrações e, através de fios invisíveis, o pensamento nos liga a todos os seres encarnados e desencarnados do Universo.

"O mundo material e o mundo espiritual se interpenetram de tal forma que temos, a todo instante, testemunhas invisíveis que observam nossos mais íntimos e secretos atos e pensamentos. Nada escapa à observação dos espíritos, desde que eles dirijam para tal ponto sua atenção. Para eles não há obstáculos materiais; portas e janelas fechadas não impedem

seu acesso. Sendo assim, os espíritos se misturam conosco, se imiscuem em nossas atividades habituais acentuando, em nós, nossas próprias tendências".[1]

A parapsicologia já provou que o pensamento é uma energia e que pode, em situações especiais, ser fotografado. Essa energia mental tem a direção e o sentido que a mente lhe dá, viajando através do fluido cósmico universal, que preenche todos os espaços do infinito. Desse modo estamos ligados uns aos outros através do ato de pensar. Pensando no bem atraímos para nós toda a corrente de pensamentos benevolentes que se afinizam com nossas ideias: tanto de espíritos encarnados como desencarnados. Pensando no mal ocorre a conexão mental com os que pensam e vibram em faixas inferiores. Portanto, o ato de pensar é de grande responsabilidade para nós, pois conforme a natureza de nossos pensamentos será a natureza dos espíritos que nos influenciarão.

De modo geral, temos dificuldade para distinguir o que nasce da nossa mente e o que é sugerido pelos espíritos. Isso é bom, pois desse modo o homem age mais livremente, segundo seu livre-arbítrio. Os bons espíritos só aconselham para o bem e os maus espíritos só aconselham para o mal; cabe, portanto, ao ho-

---

1. *O Livro dos Espíritos* – Allan Kardec – questão 459 a 557 – Editora EME.

mem, decidir qual caminho seguir: se o do bem ou o do mal.

Os espíritos imperfeitos nos induzem ao mal com o objetivo de nos fazer sofrer como eles sofrem; é por inveja do bem e da nossa felicidade que o fazem. Resistir às influências do mal serve como teste para nossa fé e fortalece nossa vontade e constância no caminho do bem. Não estamos, porém, à mercê dos maus espíritos, pois temos também a influência dos bons; basta querermos, por firme vontade, e, através do desejo de praticar o bem e da manutenção dos bons pensamentos, conseguiremos afastar os maus e permanecer na companhia dos bons; só depende de nós.

Nenhum espírito recebe, de Deus, a missão de executar o mal; é sempre por livre-arbítrio que o faz.

Praticamente todas as religiões referem-se à existência de um protetor espiritual enviado por Deus para auxiliar o homem nas provas da vida. Assim, todos os encarnados têm um bom espírito que os guia pelos perigosos caminhos da vida material. É o chamado Anjo Guardião, Espírito Protetor ou Gênio Bom. Esse espírito é sempre de natureza superior ao seu protegido. Quanto mais evoluído o ser encarnado, mais evoluído será seu guardião.

O Espírito Protetor tem como missão guiar seu protegido no bom caminho; ajudá-lo com seus conselhos; consolar suas aflições; sustentar sua coragem nas provas da vida mostran-

do-lhe o caminho da paciência, da resignação e da fé; ele se liga ao encarnado desde o momento de seu nascimento até a sua morte e, frequentemente, o segue na vida espiritual[2].

O nosso Anjo Guardião nunca nos abandona, nós é que nem sempre ouvimos os seus conselhos. Ele sempre respeita nosso livre-arbítrio, ajuda-nos nas provas morais da vida e também nos assiste nas dificuldades materiais, mas não pode derrogar a lei de Deus: há provas e expiações que nós temos que enfrentar com vistas ao nosso progresso espiritual e, embora oremos com insistência para que eles nos livrem das dificuldades, eles se sentem limitados pelas leis da justiça divina, mas continuam ao nosso lado sugerindo pensamentos de coragem e resignação.

Se prestarmos mais atenção, perceberemos como os espíritos exercem influência sobre os acontecimentos da vida, por exemplo: eles podem provocar o encontro entre duas pessoas, inspirando-as a ir a determinado lugar; podem atrair nossa atenção para determinado ponto ou assunto que seja interessante para nós; quando estamos doentes, podem nos inspirar a procurar determinado profissional que tenha condições de resolver nosso problema. Desse modo nos guiam na vida para aliviar nossos sofrimentos, amparando-nos nas prova-

---

2. Idem – questões 491-492.

ções, aconselhando-nos para que tomemos a melhor decisão, amenizando nossa dor.

É preciso cuidado para não radicalizar esses conceitos e daqui por diante achar que tudo o que acontece em nossas vidas é culpa dos espíritos, imaginar que os espíritos nos protegem de tudo e podem fazer por nós o que é nossa obrigação; é nosso dever cuidarmos da própria vida e utilizar o bom-senso para dirigir nossos passos e assumir a responsabilidade por nossos atos.

Naqueles casos de pessoas que entram em depressão sem causa aparente, afastadas as causas físicas e psicológicas de depressão, podemos supor tratar-se de fenômeno espiritual decorrente da sintonia mental com espíritos sofredores e depressivos também. Portanto, *ao depressivo interessa saber que a mente que vibra em planos inferiores, cultivando mágoas, ressentimentos, ciúme doentio, culpa e autopiedade atrai, por fenômeno de sintonia mental, pensamentos de igual teor, o que contribui para acentuar sua tristeza.* É preciso renovar constantemente os pensamentos através da prece, da leitura edificante e do trabalho a favor do próximo. Como já dissemos, ocupar a mente e as mãos é fundamental para a saúde e o equilíbrio espiritual.

É interessante deixar claro que, depois de instalado o estado depressivo, o paciente perde, de certa forma, sua capacidade de bem diferenciar a escala de valores, quer dizer, embora a consciência se mantenha, há como que um prejuízo na capacidade de julgar as coisas. Por isso o tratamento medicamentoso é imprescindível.

Acontece, algumas vezes, de um espírito inferior tornar-se um perseguidor implacável de um encarnado. É o que a doutrina espírita denomina obsessão, que explicaremos a seguir.

6.2 – Uma perturbação espiritual pode causar depressão?

*E o espírito do Senhor se retirou de Saul, e o **assombrava um Espírito mau** da parte do Senhor.*
I Samuel 16:14

E estava na sinagoga deles um homem com um espírito imundo, o qual exclamou, dizendo:
– Ah! Que temos contigo, Jesus nazareno? Vieste destruir-nos? Bem sei quem és: o Santo de Deus.
E repreendeu-o Jesus, dizendo: cala-te, e sai dele.
Então o espírito imundo, convulsionando-o, e clamando com grande voz, saiu dele.
Marcos 1:23-26

A Bíblia, o livro mais lido em todo o mundo, está repleto de relatos de casos de "endemoniados", tanto no Novo como no Velho Testamento.

As passagens bíblicas acima citadas, e propositadamente grifadas, demonstram a ação de espíritos sobre os indivíduos causando-lhes desconforto físico e mental. Naquela época, costumava-se dizer que eram possessos (ou seja, possuídos por demônios – do grego – dáimons = inteligência, gênio, espírito). Hoje, referimo-nos a eles como obsidiados.

A literatura não espírita também está repleta de casos interessantes de obsessão, tal como o relatado por Carlos Toledo Rizini[3]: *"O psiquiatra francês H. Baruk fala-nos de um doente mental, de índole afetuosa e sensível, impregnado de Cristianismo, que sente sua alma, em certos momentos, tomada de uma rigidez de aço. (...), seria até capaz de 'degolar pai e mãe'. É uma impressão de endurecimento de sua personalidade 'que se acompanha em certas ocasiões de sentimento de influência...' (impressão de ser desmaterializado, impressão de ter em si uma força imensa, infinita, duma potência sobrenatural que subjugou sua vontade..). Vê-se aí, nota Baruk, um homem amável e caridoso, 'tornar-se bruscamente de uma secura e dureza extremas'. (...) Além disso, ele mesmo menciona a influência espiritual inferior que sofre, coisa rara. É interessante notar que o paciente apresenta comportamento sensivelmente normal por longos períodos. O seu estado não mudou em mais de 09 anos de observação".*

Santo Agostinho costumava dizer: *"o demônio só sub-*

---

3. *Evolução para o terceiro milênio* – Carlos T. Rizini – capítulo 05, parte II – Editora Edicel.

mete aquele que tem alguma semelhança com ele – o desejo é que abre a porta para o diabo... A tentação, dizia, é que ensina ao homem a conhecer-se, pondo às claras o que estava oculto dentro dele".[4]

A doutrina espírita denomina obsessão a influência maléfica, mais ou menos persistente, de um ou mais espíritos maus, sobre determinado indivíduo, perturbando-lhe a casa mental e influenciando-lhe a conduta.

Kardec afirma que a causa da obsessão varia segundo o caráter do espírito[5]: pode ser a prática de uma vingança contra a pessoa que o magoou nesta, ou numa existência anterior; pode ocorrer pelo simples desejo de fazer o mal – por estar sofrendo, o espírito deseja fazer outros sofrerem; ou por afinidade de gostos. Nesse último caso, a associação com espíritos inferiores é facilitada pela "vítima", pois o obsessor apenas superalimenta os desejos e impulsos dela. Se a mesma é dada a beber em excesso, o obsessor explora esse defeito de caráter acentuando essa tendência, impulsionando o indivíduo para o abuso, a dependência e a autodestruição.

Logo se vê que *a causa fundamental da obsessão reside nas imperfeições da alma humana. São nossos vícios de ca-*

---

4. *Evolução para o terceiro milênio* – Carlos T. Rizini – capítulo 05, parte II – EDICEL
5. *O Livro dos Médiuns* – Allan Kardec – capítulo XXIII – item 245 – Editora EME.

ráter que facilitam o processo obsessivo, pois o obsessor tão somente amplia as tendências que a pessoa já possui.[6]

A obsessão pode ser *simples* – quando o *pensamento é invadido por ideias fixas de caráter negativo*, persistentes, que substituem os pensamentos habituais da vítima e causam desconforto. *Quando a razão está tolhida* pela ação dos espíritos obsessores, chamamos de *fascinação*. Nesse caso o obsessor é astuto e acentua as tendências do obsidiado, principalmente orgulho e vaidade, fazendo-o agir de forma excêntrica e espetacular. Trata-se de uma ilusão criada pelo espírito no pensamento da vítima, que fica assim impedida de enxergar o ridículo de suas atitudes. Nos casos mais graves de obsessão, *a vontade é tolhida* e a vítima obedece incondicionalmente às ordens mentais do obsessor, mesmo que lhe pareçam ridículas. É o que se chama de *subjugação*.

As características que sugerem estar obsidiado são[7]:

1. Ideias fixas, torturantes, que interrompem o curso dos pensamentos próprios, difíceis de afastar da mente.

2. Sentir a vontade dominada por outra vontade, estranha e invisível.

3. Experimentar inquietação crescente, sem causa aparente.

---

6. Interessante notar a semelhança desse pensamento espírita com o de Santo Agostinho, mais acima. NA.
7. *Nos bastidores da obsessão* – Manoel Philomeno de Miranda. – Editora FEB.

4. Excitação de desejos, além do habitual.

5. Emersão de impulsos adormecidos, mais ou menos inconscientes.

6. Aparecimento de indisposições agressivas contra alguém, sem motivo aparente.

7. É comum o indivíduo apresentar subitamente ciúme exagerado, ódio inexplicável por alguém, paixões arrebatadoras, desejo incontrolável de beber, fumar, usar drogas; crises de choro incontrolável, olhar fixo, esgazeado ou fugidio; comportamento excêntrico, medo e desconfiança imotivada, agressividade gratuita, tristeza constante, ideias de suicídio, cansaço crônico, insônia ou sonolência excessiva, anorexia, compulsão alimentar, sentimento de culpa etc. (Observe como esses sintomas lembram aqueles catalogados como sintomas de depressão).

Na opinião de muitos psiquiatras espíritas a obsessão está associada às doenças mentais em aproximadamente 70% dos casos. Outros acreditam que todo depressivo está também obsidiado, por estar com o pensamento vibrando em níveis inferiores e, como tal, associa-se a espíritos sofredores e depressivos que acabam reforçando o sofrimento do paciente.

Seja como for, é preciso que fique bem claro que a **obsessão é sempre secundária e não a causa primária dos distúrbios mentais, pois os vícios de caráter atraem os espíritos inferiores como a podridão atrai**

os abutres. Isso significa que a pessoa perturbada por suas próprias criações mentais infelizes oferece "carona" em seu pensamento desequilibrado para que o obsessor a subjugue e torture ainda mais.

Grifei propositadamente o texto acima porque, na maior parte das vezes, os depressivos e outros doentes portadores de pânico, ansiedade, loucura e epilepsia são tratados em igrejas e casas espíritas, por anos a fio, na tentativa de "espantar" os maus espíritos que os mantêm doentes.

Precisamos compreender que todos os seres humanos têm um desejo central, um tema básico em torno do qual giram seus pensamentos mais íntimos. Essas ideias são expelidas pelo cérebro na forma de ondas mentais que refletem a personalidade do indivíduo e formam o seu "hálito mental" característico. Através dessas ondas mentais, que partem do indivíduo e mergulham na energia cósmica que o circunda, os espíritos interessados percebem o traço de personalidade dominante naquela pessoa: se ela é orgulhosa, vaidosa, se tende ao jogo, às drogas, ao álcool, se é ciumenta, melindrosa etc. Feito o diagnóstico da personalidade a ser obsidiada, basta que os obsessores emitam pensamentos do mesmo teor, que vão se somar aos da própria pessoa, acentuando-lhe as próprias tendências. Desse modo os desejos do indivíduo sofrem acentuado incremento em sua frequência e intensidade e um impulso ao adultério, ao roubo, ou à bebida são aumentados, levando ao abuso e destruição moral do obsidiado.

Como vimos, o perfil psicológico do depressivo inclui imaturidade emocional, complexo de culpa, mágoa, incapacidade de aceitar uma perda afetiva, orgulho, vaidade, egoísmo, baixa autoestima, autocompaixão etc. Todos esses defeitos de caráter se transformam em brechas por onde se infiltram mentes perniciosas que aprofundarão ainda mais a depressão, por superalimentar os pensamentos do próprio depressivo.

Em minha experiência na casa espírita, atendendo a muitos depressivos que procuram os recursos do passe para tratamento da depressão, observo que há sempre um número razoável de espíritos depressivos que acompanham o paciente. Em sua maior parte esses espíritos não querem prejudicar o indivíduo, nem mesmo o conheciam e não tinham nada contra ele. Na verdade foram atraídos pelo doente porque encontraram nele ressonância para seus pensamentos. Isso é fácil de entender. Quando temos algum problema queremos nos aproximar de quem compreenda o que sentimos. Um espírito que tenha falecido em dolorosa depressão, muitas vezes cometendo o suicídio para "livrar-se" do sofrimento, permanece no mundo espiritual embotado, alienado e deprimido. Acaba sendo atraído, como se um poderoso ímã o trouxesse até o paciente depressivo, e ambos se nutrem dos pensamentos desequilibrados que emitem, reciprocamente. De uma certa forma eles se entendem, se interpenetram, se solidarizam, se realimentam.

Muitas vezes encontramos na obsessão a associação do enfermo com espíritos que o perseguem derramando sobre ele descargas mentais negativas impregnadas de ódio, que penetram nas correntes nervosas do paciente e alteram a secreção dos mensageiros cerebrais que mantém a mente em equilíbrio. Essa alteração facilita a instalação da depressão.

Precisamos entender que não adianta apenas buscar a casa espírita ou outra casa religiosa para afastar o acompanhante espiritual inoportuno, pois "não adianta espantar as moscas, há que se curar a ferida, e as moscas se vão naturalmente". Isso equivale a dizer que a cura da obsessão envolve a renovação dos conteúdos mentais inferiores que atraem os obsessores.

6.3 – O suicídio acaba com o sofrimento do depressivo?

- REENCARNAÇÃO: VERDADE OU MITO?

"A reencarnação é a mais excelente demonstração da Justiça de Deus em relação aos infratores das leis, na trajetória humana, facultando-lhes a oportunidade de ressarcirem numa existência os erros cometidos nas existências anteriores.

Estruturada em princípios igualitários, a todos concedidos em circunstâncias equivalentes, estatui como base o amor

e esparze a misericórdia em convites de excelsa probidade para os náufragos das realizações malogradas, que têm necessidade de recomeço para avançarem na direção do êxito que a todos nos aguardam".
Estudos Espíritas – Divaldo Pereira Franco.

A crença na reencarnação não é invenção da Doutrina Espírita. Conhecida desde a antiguidade com o nome de palingenesia, vê-se referências a essa doutrina entre quase todos os povos antigos. No Hinduísmo, em livros sagrados – os Vedas –, pode-se encontrar frases como:

"O corpo, envoltório da alma, que aí faz sua morada, é uma coisa finita; porém, a alma que o habita é invisível, imponderável e eterna".

"Todo renascimento, feliz ou desgraçado, é consequência das obras praticadas nas vidas anteriores".

"Os males com que afligimos o próximo perseguem-nos, assim como a sombra persegue o corpo".

Na Grécia antiga, os conhecimentos das doutrinas secretas do oriente eram cantados em música e poesias. Para os iniciados, o ensinamento de um só Deus; para a multidão, a crença nos Deuses. Todos os sábios e filósofos gregos conheciam a doutrina secreta. Orfeu, Platão, Sócrates e Pitágoras deixam claro em seus livros a crença na imortalidade da alma, na reencarnação e na lei de causa e efeito, que rege a evolução das almas, além da crença na existência de um único Deus, contrastando com a popular crença nos deuses. Também acreditavam na comunicabilidade com os espíritos.

Sócrates confessava que ouvia a voz do seu Anjo da Guarda, que o auxiliava na busca da verdade.

Zeus foi o maior dos deuses gregos. Os vários deuses representam a diversidade de espíritos com os quais os povos antigos entravam em contato através dos médiuns, chamados naquele tempo de pitonisas, oráculos ou sibilas.

A evocação dos mortos fazia parte da ciência secreta dos iniciados e era uma prática comum entre gregos, romanos e egípcios, sendo levada para a Palestina pelos hebreus quando estiveram cativos no Egito. O abuso de tal prática fez com que Moisés lançasse a famosa proibição escrita no capítulo 18 do Deuteronômio.

Nos primórdios do cristianismo muitos judeus ignoravam o que ocorreria com eles após a morte. Tinham noções vagas e incompletas sobre a alma e sua ligação com o corpo. Alguns acreditavam na continuidade da vida através de um corpo espiritual, ao que denominavam ressurreição dos mortos[8], enquanto outros conheciam a doutrina da reencarnação e a aceitavam plenamente. Somente os saduceus acreditavam que a vida não prosseguia além-túmulo.

---

8. I Epístola de Paulo aos Coríntios – cap. 15 – versículos 40-55.

A doutrina espírita judiciosamente prefere usar o termo reencarnação, que significa o retorno de um espírito à vida corporal, para uma nova existência, em um outro corpo, evitando assim o termo ressurreição usado pela igreja, que pressupõe o retorno à vida corporal da alma, no mesmo corpo que morreu (ressurreição da carne), o que contraria a ciência.

A crença dos judeus na reencarnação fica patente nas passagens bíblicas relatadas a seguir. Quem estuda a história da igreja católica sabe que a crença na reencarnação foi abolida do cristianismo no Concílio de Constantinopla, realizado no ano 553 d.C.

Jesus, tendo vindo para os lados de Cesareia de Felipe, interrogou seus discípulos e lhes disse: (...) quem dizem que eu sou? ...Alguns dizem que sois João Batista, outros Elias, outros Jeremias ou algum dos profetas...

(Mateus, 16:13 a 17)

Nota-se nessa passagem que Jesus pergunta aos discípulos quem as pessoas pensam que ele é. Os discípulos respondem que as pessoas pensam que Jesus é um dos profetas antigos, tais como Elias ou Jeremias, ou João Batista. Se todos os três profetas citados estavam mortos[9]

---

9. Alguns creem que Elias não morreu, pois segundo a Bíblia ele foi arrebatado ao Céu, vivo, numa carruagem de fogo.

nessa época, como poderiam pensar que Jesus era qualquer um deles? Somente crendo na possibilidade da reencarnação essa pergunta teria sentido. Se Jesus não concordasse com a reencarnação ele teria a oportunidade de desmenti-la, mas não o fez, ao contrário, a confirmou na passagem que se segue:

> *... Por que, pois os escribas dizem que é preciso que Elias venha antes? ... eu vos declaro que Elias já veio, e não o conheceram, mas o trataram como lhes aprouve... Então seus discípulos compreenderam que era de João Batista que lhes havia falado.*
>
> *(Mateus, 17:10 a 13)*

Nessa passagem os discípulos perguntam a Jesus por que os escribas dizem que é preciso que Elias venha antes? Isso aconteceu porque havia uma profecia no antigo testamento que dizia que o messias seria precedido por Elias, ou seja, o antigo profeta voltaria para anunciar a chegada do Filho de Deus, o salvador dos judeus. Os discípulos tinham a certeza de que Jesus era o messias, mas não entendiam porque Elias não tinha vindo anunciar a sua chegada, conforme estava escrito, pois não viram Elias. Jesus declara que Elias efetivamente veio, mas não o conheceram e o trataram como lhes aprouve. Então os discípulos compreenderam que era de João Batista que ele lhes havia falado. Fica claro que Elias reencarnou como João

Batista, que foi degolado por Herodes. Desse modo Jesus confirma o que as escrituras haviam prometido: Elias, reencarnado como João Batista, foi seu precursor. Talvez os judeus esperassem por Elias na forma física que ele tinha anteriormente e não num novo corpo, pois as escrituras sagradas não falam da morte de Elias; dizem apenas que ele foi arrebatado aos céus, em uma carruagem de fogo, portanto acreditavam que ele ainda estivesse vivo. Não nos esqueçamos que a ciência, àquele tempo, não tinha os conhecimentos de hoje e que os judeus acreditavam que o prêmio para o homem de bem seria vencer a morte e ter vida longa sobre a Terra.

Há muitas passagens no Novo e no Velho Testamento que demonstram a doutrina das existências sucessivas. Porém, a finalidade dessa obra não é prová-la, mas sim apresentá-la a quem nunca tenha ouvido falar. Por isso, quem tiver interesse em ampliar os conhecimentos pode ler sobre o assunto em vários livros.[10]

Penso que sem a reencarnação não podemos conceber um Deus justo e bom.

Analisemos agora: *se as almas são criadas ao mesmo tempo que o corpo, as que nascem hoje são tão novas como*

---

10. *O Livro dos Espíritos* – Allan Kardec – questão 203 a 217 – 773 a 775 – Editora EME; *A Gênese* – capítulo XI – Allan Kardec – FEB; *A reencarnação na Bíblia* – Hermínio C. Miranda – Editora Pensamento; *A reencarnação* – Gabriel Delanne – FEB.

as que viveram nos tempos da barbárie. Por que, então, as que nascem hoje têm costumes mais brandos e instintos mais apurados? Por que têm intuição de certas coisas sem as terem aprendido? Mas se acreditarmos que as almas de agora já viveram antes, que possivelmente foram bárbaras como os séculos em que estiveram no mundo, mas que progrediram, que para cada nova existência trazem o que aprenderam nas existências anteriores, compreendemos que as dos tempos civilizados não são almas criadas mais perfeitas, porém, que se aperfeiçoaram por si mesmas.[11]

Do mesmo modo penso que se Deus criou a alma no momento da formação do corpo, como concebê-Lo em Sua justiça, se dá a uns um corpo saudável e perfeito, além de boa situação socioeconômica, enquanto a outros dá a doença, a ignorância e a miséria? Pior ainda pensar que esse mesmo Deus, depois de uma única existência, julgará essas almas, que tiveram oportunidades diversas, para condená-las irremediavelmente ao sofrimento ou à beatitude eternas. Isso não está de acordo com a justiça e a misericórdia divinas.

Com a doutrina da reencarnação todos temos oportunidades semelhantes de submetermo-nos às mesmas provas. Numa existência o espírito experimenta o aprendizado que a pobreza pode lhe oferecer em maté-

---

11. Ver nota explicativa de Kardec na questão 789 de *O Livro dos Espíritos* da Editora EME.

ria de coragem, resignação, luta constante e humildade, enquanto noutra existência extrae da riqueza preciosas lições de generosidade, combate à avareza e ao desperdício. Assim, encarnação após encarnação, a alma se aperfeiçoa de maneira que sua vitória seja pessoal e intransferível. Quando erra, a alma não precisa temer a eternidade das penas infernais, pois sabe que uma nova oportunidade lhe aguarda para retomar o caminho do progresso espiritual.

Todos somos criados simples – ignorantes do bem e do mal —, e sem conhecimentos intelectuais, mas destinados a atingir a perfeição espiritual, quando não mais necessitaremos assumir corpos materiais.

De modo geral os espíritos reencarnam até que tenham esgotado todas as oportunidades evolutivas do planeta em que vivem. Geralmente essas reencarnações ocorrem no mesmo meio em que viveram, fortalecendo ainda mais os laços da família espiritual; unidos no espaço e na Terra, evoluem juntos, os mais adiantados auxiliando os retardatários. Para Deus, somos todos irmãos, assumindo temporariamente papéis de pais, mães, filhos e esposos, até que o amor incondicional nos una definitivamente ao Criador.

Com a reencarnação, e o progresso que lhe é consequência, todos aqueles que se amaram reencontram-se sobre a Terra e no espaço, gravitando juntos até chegar a Deus. Os que falham, retardam seu adiantamento e sua felicidade, porém, ajudados e encorajados por aqueles que os amam, saem do atraso em que se encontram. Com a reencarnação há solidariedade eterna entre encarnados e desencarnados, com estreitamento dos laços afetivos.

A reencarnação do espírito é uma necessidade para sua evolução e progresso. Pode ocorrer como prova, expiação ou missão. No processo de reencarnação o indivíduo é direcionado para renascer em famílias em cujo mapa genético haja os recursos orgânicos necessários a funcionarem como inibições ou disfunções que funcionem como mola propulsora do seu progresso espiritual.

- **RENASCENDO DEPRESSIVO**

I Coríntios 15:44
Semeia-se corpo animal, ressuscitará corpo espiritual. Se há corpo animal, há também corpo espiritual.

A crença na existência de uma trindade humana formada por corpo físico, corpo espiritual e espírito remonta a milênios.

Hipócrates chamava o corpo espiritual de Ergomon; Tertuliano fazia referência ao Corpo Vital da Alma, enquanto Orígenes o denominava Aura. Para os Hindus era o Mano-maya-kosha e para os budistas, Kamarupa.

O Ka dos egípcios, o Rouach dos hebreus, o Khi dos chineses, o Corpo Sutil de Aristóteles e o Corpo Aeriforme de Confúcio. Paulo, em sua primeira epístola aos Coríntios se refere ao Corpo Espiritual, no qual ressuscitaremos. Kardec, o denomina perispírito, enquanto outros autores espíritas se referem ao corpo espiritual como "modelo organizador biológico", por se tratar de *"um organismo fluídico, forma preexistente e sobrevivente do ser humano, sobre o qual se modela o envoltório carnal, como uma veste dupla, invisível, constituída de matéria quintessenciada"*. Logo, é composto de uma substância semimaterial que serve de envoltório ao espírito e desse modo o liga ao corpo físico.

O corpo espiritual sobrevive à morte física e geralmente mantém a forma e a aparência que o espírito tinha quando vivo.

Através do perispírito o espírito pode ser visto, como há muito se tem relatado na literatura espírita e não espírita acerca das aparições de "fantasmas". Em algumas ocasiões o perispírito pode ser não apenas visível, mas também tangível. Foi com esse corpo fluídico que Jesus aparece aos apóstolos, após a ressurreição e, por sua tangibilidade, pôde ser tocado por Tomé.

Presidindo a formação do corpo físico, o perispírito serve de molde para a formação do novo corpo que estará sendo gerado no útero materno. É ele quem determina quais genes devem atuar na formação do corpo que o espírito vai revestir, na atual encarnação e nas sucessivas. É na intimidade energética do perispírito que as células se agregam, que se modelam os órgãos. É nele que fluem as energias vitais que mantêm os órgãos em funcionamento harmonioso, sob o comando da mente. No corpo espiritual encontram-se os arquivos de nossas existências passadas. Ele armazena, registra e conserva todas as percepções, evoluções e ideias da alma. É, portanto, a testemunha imutável dos mais fugidios pensamentos, que são nele gravados, assim como uma fita magnética grava sons, imagens e vozes.

Impossível agredir o corpo físico e não agredir o corpo espiritual, pois suas células estão justapostas. Do mesmo modo, todos os pensamentos e sentimentos provindos da mente (espírito), refletem-se no corpo fluídico, e através deste agem no corpo físico. Por esse motivo se diz "mente sã, corpo são". Os pensamentos tornam-se os senhores do nosso destino e de nossa saúde física e mental.

Para compreendermos melhor a ligação do corpo espiritual com a depressão vamos desenvolver o seguinte raciocínio:

Suponhamos que uma jovem provoque um aborto porque a gravidez lhe chegou em momento inoportuno: é solteira, não terá o apoio dos pais e do namorado ou não tem condições financeiras para criar a criança. Seja qual for o motivo alegado para o delito em questão, de modo geral, cedo ou tarde, a mulher acaba apresentando, consciente ou inconscientemente, um complexo de culpa por ter retirado de seu ventre a vida de um filho. A culpa exige a punição para ser expiada, o que gera angústia e tristeza e esta é responsável por atrair espíritos depressivos, o que reforça a tristeza ainda mais. Não raramente, o espírito que foi abortado também participa do processo obsessivo, seja para vingar-se da mãe que o rejeitou, seja porque também se encontra perturbado ou alucinado pela violência sofrida durante o aborto. Importante lembrar que a gestação é programada no plano espiritual, antes da concepção. Normalmente o espírito que vai reencarnar tem fortes laços com os futuros pais; laços de amor e, às vezes, de ódio, adquiridos em outras existências. Muito frequentemente a nova encarnação teria o objetivo de reaproximar espíritos que têm necessidade de viver experiências familiares em comum, para eliminar antigos débitos ou superar desafios. Por isso o aborto é tão prejudicial para quem o pratica.

 Essa nossa jovem deprimida, consumida em culpa e obsidiada, passa toda uma existência amargurada, com baixa autoestima, sentindo-se infeliz, indigna. Esses pensamentos negativos, acalentados por anos a fio, acabam alterando o cérebro físico, gerando um estado de melancolia, que afeta também a matéria sutil do corpo espiritual, notadamente na região cerebral. Quando essa jovem desencarnar (falecer), o corpo físico se decompõe, mas o espírito sobrevive e permanece envolvido pelos pensamentos depressivos que acalentou a vida toda. O corpo espiritual segue o espírito, agora liberto da carne, mas encontra-se mutilado, lesado em suas estruturas cerebrais. Na próxima encarnação, o corpo espiritual será o molde sobre o qual se formará o novo corpo, como dissemos. Sucede, porém, que se o molde está imperfeito, o novo corpo apresentará deficiências nas áreas cerebrais que controlam as emoções. Assim se explica a tendência genética da depressão. Na verdade, somos herdeiros de nós mesmos. A deficiência na produção de transmissores cerebrais responsáveis pela depressão resulta da colheita de uma semeadura feita em existências corporais anteriores, pelo próprio indivíduo e não o resultado de um erro aleatório da natureza.

Sendo assim, entendemos que o suicídio não resolve o problema da depressão, pois matando-se o corpo não se aniquila a vida, apenas projeta-se o depressivo no mundo espiritual para continuar angustiado, triste e dementado. Com certeza arrependido do ato infeliz que praticou, e decepcionado, pois leva consigo seus dissabores e ainda assiste à tristeza dos que ficaram. Além disso, carrega para outras existências as marcas do suicídio praticado e que ficaram gravadas em seu perispírito, moldando o futuro corpo físico com deficiências várias, incluindo as que o levarão a predisposições depressivas, consideradas genéticas pela ciência humana.

Daí a necessidade de se repetir a orientação de renovar a mente, sanear os pensamentos e sentimentos e tratar adequadamente a depressão, para que não passemos várias existências mergulhados em tristezas, perdendo a oportunidade de ver a luz que há dentro e fora de nós.

CAPÍTULO 7

Consequências da depressão sobre a saúde

JÁ VIMOS QUE todos os pensamentos gerados por nossa mente ficam arquivados em nosso subconsciente. Ele não julga se a mensagem é boa ou má, apenas arquiva-as e, depois de arquivadas, essas mensagens passam a reger nosso comportamento social e moral.

Algumas doenças surgem na vida do indivíduo como resultado de autoagressão provocada por ele em encarnações anteriores, e que agora ressurgem para reeducá-lo e provocar seu adiantamento moral. São as chamadas doenças cármicas. É o caso, por exemplo, do fumante inveterado que renasce portador de asma, ou do alcoolista contumaz que renasce portador de patologias hepáticas hereditárias.

Porém, a maior parte das doenças é cultivada durante a presente encarnação, resultando de atitudes desequilibradas do indivíduo quando cultiva hábitos viciosos. Além disso, boa parte dos desequilíbrios físicos advém de pensamentos em desalinho.

A saúde física e mental resulta da harmonia vibratória do ser. A mente em equilíbrio envia mensagens de saúde às células, assim como uma falha de comunicação entre a mente e o corpo, com envio de mensagens autodestrutivas favorece a desorganização celular e o surgimento de doenças.

Desse modo, a cada momento estamos construindo ou destruindo nosso organismo, de acordo com a direção que se dê à mente.

Angústias cultivadas geram enxaquecas, disfunções digestivas, alterações músculo esqueléticas, tais como inflamações do nervo ciático (ciatalgias), contraturas musculares em ombro e pescoço etc.

Muitos trabalhos científicos sugerem que a raiva cultivada na forma de mágoa e ressentimento pode causar câncer, úlceras e arteriosclerose, assim como os acessos de cólera repetidos predispõem a "derrames" e enfartes.

Se prestarmos mais atenção veremos que as células do nosso corpo obedecem incondicionalmente à nossa mente.

Muitas pessoas sofrem de dor de garganta repetidas vezes e não percebem que essa dor de garganta ocorre por não conseguirem expressar o que pensam. Por "engolir" as agressões das pessoas que as rodeiam, por não conseguirem impor limites e sofrerem abusos constantes. Frequentemente essas pessoas se queixam de que sentem uma bola na garganta, ou um pigarro que não conseguem engolir. Não raramente sentem náuseas, numa tentativa frustrada de "vomitar" a agressão "engolida" e não "digerida".

Outras pessoas quando têm um compromisso e não querem ir, por insegurança ou medo, costumam desenvolver dores articulares, tendinites e inflamações do nervo ciático ficando "travadas" e assim impossibilitadas de ir ao compromisso, mas não percebem que o subconsciente registrou o desejo de não ir e enviou ao corpo a mensagem "não quero ir", sendo que o corpo respondeu imediatamente à ordem recebida travando alguma articulação.

Pesquisas científicas comprovam que o sistema de defesa do organismo contra vírus, bactérias e células cancerosas – o chamado de sistema imune –, interliga-se com o sistema nervoso e com o sistema endócrino – o que produz os hormônios.

Sabe-se que durante o estresse o organismo libera muitas substâncias, tais como o cortisol, adrenalina, noradrenalina e endorfinas. Algumas dessas substâncias causam várias reações no organismo, entre elas o aumento dos batimentos cardíacos e da pressão arterial, dilatação da pupila, contratura muscular, palidez cutânea, sudorese fria, boca seca, diminuição do fluxo de sangue para o tubo digestivo – com consequente má digestão –, aumento da produção de ácido no estômago, predispondo a úlceras, diminuição das defesas do organismo contra vírus, bactérias e contra o câncer.

Em 1993, nos Archives of Internal Medicine, Bruce McEwem, psicólogo de Yale publicou extensa pesquisa correlacionando estresse-doença, que sugere que o estresse causa diminuição das defesas contra infecções virais, assim como maior vulnerabilidade ao câncer, enfarte e "derrame". Além disso, piora o diabetes, a asma e as alergias cutâneas ou respiratórias; predispõe à colite ulcerativa e causa déficit de memória. Recentes pesquisas associaram a depressão ao infarto.

A verdade é que o indivíduo sob estresse contínuo, alimentando pensamentos de natureza depressiva, acaba perdendo a saúde precocemente.

Na depressão a mente se entrega à tristeza avassaladora, o que leva o indivíduo a fechar-se em si mesmo e a desligar-se progressivamente da vida. O infeliz perdeu o prazer de viver e acalenta o desejo de morrer, mesmo quando não declare pensar em suicídio ou não ter coragem para tal. O fato é que o subconsciente registra a ideia de que viver não vale a pena e que a morte seria bem-vinda. As células de todo o organismo passam a receber ordens de autodestruição e começam a funcionar de modo inadequado.

A diminuição das defesas imunes predispõe ao aparecimento de várias doenças. Algumas pesquisas recentes sugerem o aumento de incidência de câncer de mama e intestino em pessoas depressivas. Por isso o departamento de saúde pública dos EUA vem elaborando um questionário para rastreamento da depressão nos consultórios dos ginecologistas e gastroenterologistas. Também os cardiologistas são convocados a esse trabalho de busca ativa dos depressivos, visto que a depressão aumenta sensivelmente as chances de um indivíduo ter um evento cardiovascular como o infarto. Isso ocorre, entre outras coisas, porque o indivíduo depressivo é normalmente sedentário, frequentemente fuma e bebe, não faz dieta para colesterol, descuida-se do diabetes e tem mais chance de ser hipertenso.

A diminuição das defesas do organismo em relação às doenças virais facilita as infecções e dificulta a recuperação do indivíduo.

Outro comprometimento do sistema imunológico que pode ocorrer no depressivo é a tendência aumentada às doenças autoimunes, tais como a artrite reumatoide, o lupus eritematoso sistêmico, as tireoidites (que levam ao hipotireoidismo) e outras.

O suicídio é uma das consequências mais dramáticas da depressão, assim como o uso abusivo de álcool e drogas.

Ainda há o fator socioeconômico, pois o depressivo falta ao trabalho ou tem seu rendimento muito abaixo do normal.

A família se desagrega ao peso da depressão, pois a

carga emocional e as pressões sofridas por toda a família acabam gerando conflitos familiares, que culminam em separações ou deixam sequelas nos relacionamentos.

Ainda há o risco de atrair personalidades intrusas, quais os obsessores, conforme abordamos.

Visto por esse ângulo, entendemos que a depressão é uma doença potencialmente grave e que merece tratamento adequado, livre de qualquer preconceito.

Capítulo 8

Depressão tem cura?

A PRIMEIRA PERGUNTA que todos os pacientes e os familiares dos depressivos fazem aos profissionais que cuidam dessa doença é essa. Mas a resposta não pode ser dada com um simples sim ou não.

O que precisamos compreender é que, na maior parte das vezes, a cura da depressão depende de uma mudança de atitudes, principalmente do modo como o depressivo vê os acontecimentos da vida.

Para tanto é necessária ajuda multiprofissional, assim como a união de toda a família em torno do problema. Quase sempre a depressão acaba provocando o amadurecimento psicológico de todos os envolvidos, pois, quase invariavelmente, toda a família adoece junto com o depressivo, na medida em que a doença progride e passa a exigir de todos uma dose extra de paciência, tolerância, compreensão e amor.

Ao diagnosticar-se a doença deve-se instituir o tratamento medicamentoso o quanto antes, visto que, quanto mais precocemente tratada, maiores as chances de cura e menores as possibilidades de recorrência. Além disso, o uso de medicamentos é necessário para corrigir-se a disfunção neuroquímica cerebral, responsável pelos sintomas depressivos. Num segundo momento, quando o paciente estiver em condições de participar ativamente do tratamento, deve procurar o psicoterapeuta, que o ajudará a identificar os padrões mentais que lhe são peculiares, e que facilitam a instalação e manutenção da depressão, tais como o complexo de culpa e a baixa autoestima – geradora de mágoa e ressentimento. Além disso, é preciso identificar e combater a "síndrome do coitadinho de mim", que mantém o depressivo como refém da própria vida.

O medicamento deve ser prescrito por profissional habilitado, preferencialmente um psiquiatra, ou pelo clínico de sua confiança.

A meu ver, as bases de sustentação do tratamento são: o medicamento, a psicoterapia e a fé. O tratamento espiritual é um poderoso aliado, sendo que o indivíduo deve ligar-se a Deus, na religião que melhor falar ao seu coração. Na casa espírita orientamos os pacientes à fluidoterapia (passes e água fluidificada).

No que tange à fé, lembro-me de uma história da mitologia grega, contada por Clóvis Tavares no livro, *De Jesus para os que sofrem:* "Netuno teve um filho com a Terra. Ele se chamava Anteu, e era um gigante poderoso. Um dia, Anteu desafiou Hércules, o filho de Júpiter, para uma luta. Durante o combate, Hércules notou que Anteu recuperava suas forças cada vez que tocava o solo, pois sua mãe, a Terra, o fortalecia. Descoberto o mistério de sua força, Hércules estreita Anteu em seus braços e o estrangula, em pleno ar".

Essa lenda nos lembra a necessidade que temos de buscar forças em Deus, não somente nos momentos em que nos sentimos fragilizados, mas também nos momentos que estamos bem, para não cairmos, mais adiante.

Há quem diga que o tratamento é muito caro. Tenho certeza de que para muitos fica difícil realizar psicoterapia em clínicas particulares. Mas há o recurso da terapia de grupo oferecida pelos ambulatórios de saúde mental municipais e estadual, porém o orgulho e a vergonha de se expor impede o doente e seus familiares de procurá-los. Na rede pública há medicamentos gratuitos para tratamento da depressão, mas os derrotistas dizem que o remédio gratuito só tem farinha.

Outros, embora tenham recursos para o tratamento, preferem investir o dinheiro em roupas, calçados, joias e passeios, julgando que tratamento médico e psicológico é dinheiro jogado fora, esquecendo-se que o bem maior da vida é a paz da mente tranquila.

Quanto à busca religiosa, muitos desdenham das possibilidades da fé na cura da depressão. Mas em trabalhos científicos já ficou provado que a fé e a oração são capazes de melhorar a depressão, talvez por mecanismos neuroquímicos: a mente em oração enviaria mensagens para o sistema límbico, ordenando o reequilíbrio e a cura mediante a produção e liberação de mensageiros cerebrais que melhorem o humor, tais como serotonina, noradrenalina e outros.

O Evangelho de Jesus, o médico das almas, contém as mais belas lições de psicologia para a libertação da mente, no que tange à culpa, à mágoa e à baixa autoestima.

A atividade física regular, tal como uma simples caminhada, melhora a depressão, o que já foi provado pela ciência.

O depressivo deve procurar povoar sua mente com assuntos edificantes que lhe transmitam coragem, esperança e fé. Evitar os telejornais sensacionalistas e deprimentes, que exageram a realidade ou focalizam apenas o que há de ruim em tudo. Assistir a um bom filme, preferencialmente uma boa comédia, também ajuda.

Sempre aconselho os depressivos a saírem de casa em busca de trabalhos voluntários. O altruísmo é a expressão do amor que reparte bênçãos e compartilha aflições. Através do contato com outras pessoas que sofrem, nos conformamos com nossas dores e na maior parte das vezes nós vemos que nossa cruz é muito mais leve que a de outros, libertando-nos da autopiedade, que nos mantém reféns da vida. A ação no bem ao próximo é poderoso medicamento para a cura das dores da alma, pois promove o esquecimento de si mesmo. Nada pior que ficar olhando para o próprio umbigo e reprisar na mente tudo de ruim que há ou que houve conosco.

O desejo de posse e gozo dá lugar à doação e à felicidade verdadeira. O gesto de abrir a mão na doação de bens materiais antecede o gesto de abrir o coração para doar-se. Essa generosidade atrai a simpatia e o amor das pessoas socorridas, que serve de alimento espiritual para o depressivo. Desse modo, sentindo-se amado e respeitado, a autoestima volta a brilhar e arrasta consigo os complexos de inferioridade, geradores de mágoas e ressentimentos.

A ação no bem aplaca a consciência de culpa, libertando a alma do ciclo de autopunição.

O trabalho voluntário funciona muito bem para quem perdeu um ente querido. Se você enterrou seu pai ou sua mãe, visite um asilo para conversar e amar os velhinhos que lá estão, doando-lhes o amor que sobra em você e falta a eles. Experimente preparar um bolo, convidar amigos, passar uma tarde com esses "pais e mães, avôs e avós" que também são seus. Se você perdeu um filho experimente visitar um orfanato e adote, mesmo que sentimentalmente, e não legalmente, uma das crianças que ali estão, dando-lhes o amor que ficou estancado em seu peito, quando seu filho partiu. Diga que é pelo amor a esse filho que você está ali e você verá como sua dor ficará menos pungente. É preciso transpor a parede de egoísmo que nos isola e construir uma ponte de amor, para que a felicidade encontre caminhos para viver ao nosso lado.

Procure meditar: sente-se relaxado em uma poltrona, ouvindo uma música suave. Procure respirar lentamente, prestando atenção no ar que entra e sai de seus pulmões. Faça esses exercícios respiratórios, repetidamente. Mentalize um céu azul, como se o ar puro fosse penetrar em seu organismo para energizá-lo. Construa, mentalmente, uma paisagem, colocando nela, passo a passo, um campo florido, árvores, o Sol, os pássaros, as nuvens. Sempre que medito coloco em minha paisagem mental um lago de águas correntes e mentalizo um pacote onde coloco todas as coisas ruins que aconteceram. Gosto de observar a água levando para bem longe de mim tudo o que não deve ser mais lembrado.

Exercite o autoperdão. Aceite-se como você é para que se diminua a tensão interna, e inicie um processo de crescimento sustentado.

Agora fica mais fácil responder à pergunta. Depressão tem cura? Sim, mas não sem esforço por parte do depressivo e de seus familiares, na busca de saídas para o sofrimento.

Lembre-se: você é uma palavra de Deus que nunca mais se repetirá. Nasceu para ser único no mundo e está destinado a ser feliz. O sofrimento é, na maior parte das vezes, opção pessoal. Liberte-se e seja feliz!

Capítulo 9

É possível ser feliz mesmo sofrendo?

Q. 132 – Qual é o objetivo da encarnação dos espíritos?

Deus lhes impõe a encarnação com a finalidade de levá-los à perfeição: para uns, é uma expiação; para outros, uma missão. Para chegar à essa perfeição, eles devem sofrer todas as vicissitudes da existência corpórea: nisto consiste a expiação. A encarnação ainda tem outra finalidade, que é a de pôr o espírito em condições de encarregar-se de sua parte na obra da Criação. É para realizá-la que ele toma, em cada mundo, um instrumento que esteja em harmonia com a matéria essencial desse mundo, para, a partir desse ponto de vista, executar as ordens de Deus; e dessa maneira, em sintonia com a obra geral, ele próprio progride.[1]

O HOMEM SEMPRE tentou encontrar explicações para

---

1. *O Livro dos Espíritos* – Allan Kardec – Editora EME.

o sofrimento. Por isso encontramos, nas mais variadas religiões e filosofias, ensinamentos que tentam apaziguar os corações aflitos.

Frequentemente as religiões associam o sofrimento à ideia de punição ou castigo por algum erro que se tenha cometido, nesta ou noutra vida, ou a algo terrível que algum antepassado tenha realizado – o que despertaria a ira divina sobre seus descendentes.

Em outras ocasiões o sofrimento é visto como algo bom, pois purifica e salva a alma humana, enquanto outros dizem que Deus nos envia o sofrimento como termômetro de nossa fé.

Afinal, o que é o sofrimento? Ele teria alguma finalidade positiva em nossa vida?

Para responder a essas perguntas vamos proceder a uma análise do sofrimento.

9.1 – O sofrimento através dos tempos

Nas religiões antigas o homem é uma vítima indefesa nas mãos dos deuses temperamentais. Esses deuses, carregados de imperfeições humanas – tais como a ira, o desejo de vingança, a sensualidade, o orgulho e a vaidade –, faziam dos homens seus joguetes. Quando irados, os deuses exigiam sacrifícios sangrentos, como a imolação de uma vítima indefesa, cuja finalidade era saciar o desejo de vingança deles.

Esses costumes são relatados no Velho Testamento e ainda existiam ao tempo de Jesus.

Talvez, para submeter e legislar os judeus ignorantes de seu tempo, Moisés apresentou-lhes um Deus bravo, vingativo, sectário e cruel, que exigia obediência cega e que punia quem desobedecesse as suas ordens, como podemos observar nessa passagem tirada da Bíblia:[2]

3 Se andares nos meus estatutos, e guardares os meus mandamentos, e os fizerdes,

4 Então eu vos darei vossas chuvas a seu tempo; e a terra dará a sua novidade e a árvore do campo dará seu fruto...

6 Também darei paz na Terra, e dormireis seguros, e não haverá quem vos espante: farei cessar os animais nocivos da terra, e pela vossa terra não passará a espada

7 E perseguireis vossos inimigos, e cairão à espada diante de vós...

14 Mas se não me ouvirdes e não fizerdes todos os meus mandamentos

16 Então eu também vos farei isso: porei sobre vós o terror, a tísica e a febre ardente, que consumam os olhos e atormentem a alma: e semeareis debalde a vossa semente, e os vossos inimigos a comerão...

Na teologia cristã a ira de Deus recaiu sobre a hu-

---

2. Levítico – capítulo 26

manidade após o pecado de Adão e Eva. Segundo as escrituras, eles cederam à tentação do demônio e desobedeceram a Deus ingerindo o fruto proibido, representado pela maçã. Por esse delito foram expulsos do paraíso e introduziram o sofrimento na Terra. A aliança com Deus, quebrada por Adão e Eva, foi refeita através do suplício e morte do Cristo, o cordeiro de Deus, que redimiu a humanidade de todos os seus pecados.

Como vemos, os conceitos acima introduzem na mente do homem a ideia de que o sofrimento é o resultado de um castigo divino, devido a algum erro cometido.

Em outros textos bíblicos Deus é visto como alguém justo e bom. Ele nos envia o sofrimento apenas para testar e fortalecer nossa fé, o que contribuiria para soltar nossos vínculos com a matéria e fazer com que nos tornemos mais espiritualizados: *"melhor a tristeza do que o riso, porque com a tristeza do rosto se faz melhor o coração"*.[3]

No Livro de Jó, o sofrimento é provocado pelo Demônio, sob a permissão divina, para testar a fé de um dos mais fiéis servos do Senhor. Ainda hoje, percebemos que esse pensamento está incutido na mente da maior parte dos evangélicos.

---

3. Eclesiastes – 7:3

Sem ter a pretensão de condenar a crença de quem quer que seja, cito essas passagens para mostrar que em todos esses casos supracitados o sofredor é reduzido à qualidade de vítima indefesa nas mãos de deuses e demônios insensatos e cruéis, que se divertem ao espalhar a dor e o sofrimento, oferecendo aos homens a oportunidade de provarem sua fé e perseverança no bem.

Desse pensamento nasce a ideia de barganhar com Deus, ou com os Deuses, oferecendo a eles sacrifícios, seja na forma de pagamento de indulgências, autoflagelação, penitências e promessas, ou na caridade compulsória a que muitos se dedicam, como forma de se verem livres da dor e do sofrimento.

Entre as pessoas que abraçam essas crenças, quando o sofrimento lhes chega, a primeira coisa que elas pensam é "o que eu fiz para merecer isso?". Caso não encontrem uma explicação, revoltam-se, pois julgam que o sofrimento é imerecido e acham que a vida é injusta com elas.

No Hinduísmo e no Budismo, crê-se que o sofrimento é causado por ignorância, ganância e ódio e serve como catalizador para a busca da libertação espiritual que levará à saída do ciclo de reencarnações nos mundos inferiores.

Para a filosofia espírita, o sofrimento tem raízes passadas e presentes, que podem ser assim resumidas:

9.2 - Causas atuais das aflições

A maior parte dos nossos sofrimentos resulta de atos praticados por nós na presente existência e não do nosso "carma" de vidas passadas (como muitos pensam). Toda ação gera uma reação: o passado determina o presente e o presente determina o futuro. É o nosso jeito de ser e de agir que determina o comportamento das pessoas à nossa volta. Somos responsáveis por nosso destino e escrevemos nossa história minuto a minuto. Em momento algum somos reféns da vida, mas sim, escravos de nosso modo de pensar e agir.

Basta um pouco de reflexão e veremos que grande parte dos nossos sofrimentos tem suas causas em alguma atitude desequilibrada assumida por nós. Às vezes trata-se de imprevidência, de fraqueza ou indiferença de nossa parte diante de algum tema ao qual deveríamos ter dedicado mais atenção. Outras vezes sofremos por orgulho, vaidade, ambição, incapacidade de perdoar, inveja, ciúme, intolerância, falta de ordem e perseverança etc. Desse modo compreendemos que o sofrimento tem a finalidade de trazer-nos uma preciosa lição: avisar que tomamos o caminho errado e que precisamos retificar nossa conduta, pois resulta de uma decisão equivocada de nossa parte.

Lembro-me de uma senhora cujo esposo faleceu com câncer de pulmão. Estava revoltada com Deus por ter permitido a doença e a morte de seu esposo, visto que eles eram bons e viviam dentro dos padrões determinados por sua igreja. Interessante o fato dela não conseguir compreender que o tabagismo de seu esposo era a causa maior, se não a única, de sua doença e morte. Veja como está embutida a ideia de que "se meu esposo era um homem bom e devotado a Deus, ele não merecia ter morrido de câncer". Percebe-se a visão do sofrimento como castigo reservado apenas aos maus. Fosse assim, teria havido um terrível engano por parte da justiça divina.

Penso que a atitude ideal de quem sofre deveria ser a de quem se pergunta:

Que lição esse sofrimento está me trazendo? Qual o recado que a vida quer me dar? Por que estou adoecendo? Será que não estou me cuidando bem? Por que estou me decepcionando tanto com as pessoas? Será que estou me iludindo demais ou esperando dos outros mais do que podem me dar? Por que será que nenhum relacionamento afetivo deu certo até hoje? Será que preciso aprender a ser menos possessivo e dominador?

Quem costuma questionar-se diante do sofrimento aprende a lição e se livra mais rapidamente do sofrimento.

É muito importante também não enxergar sofrimento onde existe apenas luta. Em minha vida aprendi a usar a palavra desafio em substituição à palavra sofrimento.

9.3 – Causas anteriores das aflições

Quando analisamos nosso sofrimento e não encontramos uma causa na vida atual, então podemos pensar que estamos sofrendo uma prova ou expiação. Nesse rol inclui-se a perda de entes queridos, os reveses da fortuna, os acidentes, os flagelos naturais, as doenças de nascença etc.

Mas, na maior parte das vezes, o sofrimento não estava programado na forma de prova ou expiação, resultando do simples fato de estarmos num mundo inferior, ao contato de criaturas ignorantes, que nos ferem e nos prejudicam constantemente.

Para entendermos esses raciocínios é preciso que o leitor reflita sobre alguns princípios básicos da doutrina espírita, mesmo que não os aceite integralmente.

Saídos das mãos do Criador, puros e ignorantes acerca do bem e do mal, assumimos corpos materiais, que nos servem de instrumento para progredir, nos mundos onde somos chamados a viver. Cada encarnação nos oferece uma oportunidade de aprendizado: moral e intelectual. Pela justiça e bondade divinas, cada um de nós terá oportunidades semelhantes de submeter-se a provas, cuja finalidade é nos desafiar, para que desenvolvamos todo o potencial de inteligência e amor que nos foi dado pelas mãos de Deus, no momento de nossa criação.

Nada nos é imposto, podendo alterar-se o calendário das ocorrências que nos foram propostas, antes de reencarnarmos, a qualquer momento que queiramos. Isso significa que a maior parte das ocorrências de nossa vida não está escrita, como muitos pensam, mas são programas que podem ser modificados por nós, segundo nosso livre-arbítrio, a qualquer momento. Nossa vida seria, então, uma página em branco. Podemos "rascunhar" mil projetos antes de vir para esse mundo, visando nosso aprimoramento, mas não colocá-los em prática, assim como podemos assumir muitas responsabilidades que não estavam em nosso projeto inicial, suavizando ou agravando nossas provações, conforme as escolhas que fizermos.

Normalmente os espíritos que estão passando pelas provas, entendidas como desafios e lutas necessárias ao progresso, enfrentam as dificuldades com resignação e coragem, tornando-se modelos a serem seguidos pelas outras pessoas.

Diferente é o caso das expiações: são impostas e irrecusáveis pelo espírito, pois se constituem na medicação amarga necessária à cura da alma infratora. Assim, o delinquente espiritual sofre, em si mesmo, as dores que fez outros sofrer, para despertar sua consciência a respeito da má ação que praticou. Mas a finalidade desse sofrimento é a reeducação da alma falida, perante a lei divina e não a mera punição pelo crime cometido. Deus não castiga nenhum de Seus filhos, pois os criou falíveis, imperfeitos, mas destinados a atingir a perfeição, por méritos próprios.

Desse modo, muitas doenças físicas e mentais, de origem genética, sem possibilidade de cura, representam expiações que facultarão ao indivíduo reparar os erros e libertar-se da consciência de culpa. Há também os que nascem cegos, surdos, mudos, mutilados, paralisados, entre outros, que escolheram esse tipo de encarnação para nos oferecer preciosas lições de coragem, resignação e luta. Interessante compreender, portanto, que nem toda prova é uma expiação, mas toda expiação serve como uma prova para o espírito. Geralmente quem expia, reclama, quem é provado, demonstra resignação e coragem.

O perdão divino às nossas faltas não significa o esquecimento delas, mas sim a oportunidade de reparação do erro cometido.

O "carma" desse modo não é algo fixo, inexorável. Pode ser modificado por atitudes positivas do infrator. Se a finalidade da expiação é o reequilíbrio da alma, então o sofrimento não é necessário, mas constitui-se num dos recursos para levar a este reequilíbrio. *"O amor cobre a multidão dos pecados"*[4], ou

---

4. I Epístola de Pedro capítulo 04, versículo 08.

seja, a ação no bem é capaz de desviar de nós muitas dores expiatórias. Não é difícil entender esse raciocínio. Basta pensar: se um filho cometeu muitos erros, mas compreende esses erros, arrepende-se deles e se propõe a repará-los, por que seu pai iria puni-lo? Porém, se ao contrário, o filho rebelde continua cometendo erros e não se modifica perante as tentativas de reeducação oferecida pelo pai, resta a este progenitor puni-lo, de forma que ele possa despertar e compreender que essa atitude não será tolerada, pois fere as leis estabelecidas pelo pai. Assim age Deus conosco: quando erramos, sofremos, por ter nos distanciado da lei do amor. Esse sofrimento, porém, nos alerta sobre a escolha errada que fizemos e nos leva a buscar o caminho de volta.

9.4 – Reflexões sobre o sofrimento

A vida é feita de escolhas e o sofrimento pode ser um sinal de que você escolheu um caminho errado.

O sofrimento pode ajudar o indivíduo a desenvolver a capacidade de compreensão do sofrimento alheio, ou seja, da compaixão.

O sofrimento é um desafio que nos faz descobrir todo o potencial que há em nós. Pode nos tornar mais sensíveis e aprofundar nossos vínculos com os outros, diminuindo a arrogância e a presunção.

É possível libertar-se do sofrimento, mas é preciso encará-lo como um fato natural da existência humana em mundos inferiores.

A forma de encarar o sofrimento tem importância fundamental para que soframos menos. Por exemplo: se duas pessoas estão com câncer e uma encara com serenidade a doença, vendo nela uma oportunidade de desenvolver sua força interior e a outra, porém, encara a doença com medo, revolta e amargura, compreendemos que ambas sofrem, mas a segunda sofre em dobro.

Analise-se e veja se você não é uma daquelas pessoas que parecem cultivar o sofrimento e busca sempre uma situação onde possa ser vítima. Talvez você traga complexos de culpa inconscientes e tenha uma necessidade mórbida de mortificação.

Pense: não há problema que persista, pois a vida é dinâmica.

Veja o adversário como a condição necessária para a prática da paciência e da tolerância.

Para evitar o sofrimento é preciso desenvolver a compaixão, ter um coração sensível e a capacidade de superar a raiva.

Nunca diga: "estou sofrendo". Diga sempre "tenho um grande desafio em minha vida".

Capítulo 10

Mensagem de esperança

A SEMENTE NOS traz preciosas lições[1]. Quando jogada ao solo, suporta sobre si o peso da terra suja que a sufoca, mas também a alimenta.

Amargurada, mergulhada em trevas, sente-se sozinha, mas não desiste; atravessa o chão escuro e germina.

Embora rodeada de adversidades, seu impulso de procurar a luz é dominante. Haja sol ou chuva, dia ou noite, inverno ou verão, trabalha incessantemente no próprio aperfeiçoamento. Na ânsia de subir em direção à luz, não perde tempo em reclamações e lamentos.

Muitas vezes, no auge de sua alegria, quando vê os galhos tenros começarem a surgir e a se cobrir de folhas, tem que suportar os golpes impiedosos do vento forte, do sol e da chuva, que não lhe dão trégua. Ao peso de todo o sofrimento a que se submete, a plantinha frágil

---

1. Texto em parte extraído e adaptado do livro *Jesus no lar* – capítulo 3 – A lição da semente – Neio Lúcio / Chico Xavier – Editora FEB.

se enverga, deita-se sobre o solo, parece morta! Eis que, de repente, lá está ela de pé, agora mais robusta que antes, fitando a luz do sol que a ilumina e fortalece.

O tronco engrossa, os galhos se enchem de folhas. Ao vento, ao sol e à chuva oferece flores e frutos, sem mágoas ou ressentimentos, pois compreende que os desafios que eles lhe propuseram serviram para torná-la mais forte.

Assim somos nós: estamos presos às inibições que a Terra nos oferece e temos nossos passos rodeados pela maldade e pela suspeita. O sofrimento e a dor são para nós uma ameaça constante. Mas há em nós a semente da fé que nos impulsiona para cima, em busca da luz divina. Essa fé nos faz perceber que a vida articula caminhos que promovem o progresso de nossa alma. Já não vemos punição e castigo em tudo, pois compreendemos que os acontecimentos trazem sempre um fim educativo para a nossa alma.

Percebemos, então, que a vida, assim como a Natureza, tem ritmos próprios. Na primavera de nossas existências tudo são flores. O verão é portador das forças da juventude. Nada parece nos abater, pois julgamo-nos onipotentes. No outono, as folhas caem, mas vêm os frutos de tudo aquilo que semeamos. A velhice chega trazendo consigo o inverno, a perda da energia, a oportunidade de refletir sobre tudo que fizemos, a experiência é recolhida. Porém, não é o fim de tudo, apenas o fim de um ciclo e o começo de outro. Ao atravessarmos os umbrais da morte descobrimos um mundo onde a vida é ainda mais radiante. Onde não há espaço para a dor e o sofrimento para aquela semente que soube realizar a vontade do seu criador e, durante os esforços que culminam com seu crescimento espiritual, produziu frutos de bondade, esperança e amor.

Aos que nos fazem sofrer, ofereçamos as flores da compreensão, da tolerância e do perdão, do mesmo modo que o "sândalo perfuma o machado que o fere".

Ser feliz é nossa opção de agora em diante. Viver é, e sempre será, um grande desafio; uma viagem rumo ao autodescobrimento, que nos levará à perfeição e à felicidade plena.

Que nossa vida se cubra de bênçãos, e que possamos deixar atrás de nós um rastro de luz e paz.

Viver é um imenso desafio, mas vale a pena, pois "a vida é uma escola onde somos todos aprendizes e professores uns dos outros".

Seja feliz, diga não à depressão!

Da mesma autora:

Oito semanas para mudar sua vida
Autoajuda • 14x21 • 168 pp.

Elaine Aldrovandi elaborou esse livro para nos auxiliar nessa busca incessante de progresso espiritual. Através de uma proposta de renovação de atitudes ela nos incentiva e nos apresenta um roteiro de oito semanas para, como num desafio, nos impulsionar a atingir a meta de reformular nosso comportamento.

Lágrimas de esperança
... e a vida continua
Romance espírita • 14x21 • 168 pp.

O livro relata o drama de crianças portadoras de leucemia. É um convite à reflexão em torno das mortes prematuras e sobre a grandeza e ternura do gesto de adoção.

Conheça também:

Depressão, doença da alma
As causas espirituais da depressão
Francisco Cajazeiras
Doutrinário • 14x21 • 208 pp.

O que é a depressão?
Como diagnosticar o mal? Quais as perspectivas futuras? Quais as possibilidades terapêuticas? É possível preveni-la?
Neste livro, o médico Francisco Cajazeiras procura responder a essas perguntas e esclarecer dúvidas sobre a doença, mergulhando nas suas causas mais profundas – as espirituais –, sem misticismo e sem apelar para o sobrenatural, senão para a lógica e o raciocínio.

Viva bem sem depressão
Severino Barbosa
Autoajuda • 14x21 • 144 pp.

Ensina como é possível substituir cada um dos sentimentos inferiores – medo, culpa, inibição, amargura, frustração e tantos outros – por sentimentos de reconhecimento a Deus e de gratidão por nos proporcionar sempre novas oportunidades. Apresenta ainda um 'antídoto' à depressão, com 60 conselhos úteis.

Liberte-se da ansiedade
Severino Barbosa
Autoajuda • 14x21 • 112 pp.

A ansiedade, aquela que deixa nossas mãos suando, que faz o coração disparar e quase sair pela boca, que tira o sono e traz complicações gástricas, não é nada normal.
É um mal que perturba milhões de pessoas no mundo todo. Não é o mal deste século; mas de todos os séculos. Suas raízes estão no espírito e é nele que se deve aplicar o antídoto.

Não encontrando os livros da EME na livraria de sua preferência, solicite o endereço de nosso distribuidor mais próximo de você através do Fone/Fax: (19) 3491-7000 / 3491-5449.
E-mail: vendas@editoraeme.com.br – Site:www.editoraeme.com.br